Caro aluno, seja bem-vindo à sua plataforma do conhecimento!

A partir de agora, você tem à sua disposição uma plataforma que reúne, em um só lugar, recursos educacionais digitais que complementam os livros impressos e são desenvolvidos especialmente para auxiliar você em seus estudos. Veja como é fácil e rápido acessar os recursos deste projeto.

1. Faça a ativação dos códigos dos seus livros.

Se você NÃO tiver cadastro na plataforma:
- Para acessar os recursos digitais, você precisa estar cadastrado na plataforma educamos.sm. Em seu computador, acesse o endereço <br.educamos.sm>.
- No canto superior direito, clique em "Primeiro acesso? Clique aqui". Para iniciar o cadastro, insira o código indicado abaixo.
- Depois de incluir todos os códigos, clique em "Registrar-se" e, em seguida, preencha o formulário para concluir esta etapa.

Se você JÁ fez cadastro na plataforma:
- Em seu computador, acesse a plataforma e faça o *login* no canto superior direito.
- Em seguida, você visualizará os livros que já estão ativados em seu perfil. Clique no botão "Adicionar livro" e insira o código abaixo.

Este é o seu código de ativação! → **DE8B2-4ABBR-A4K2P**

2. Acesse os recursos.

Usando um computador

Acesse o endereço <br.educamos.sm> e faça o *login* no canto superior direito. Nessa página, você visualizará todos os seus livros cadastrados. Para acessar o livro desejado, basta clicar na sua capa.

Usando um dispositivo móvel

Instale o aplicativo educamos.sm, que está disponível gratuitamente na loja de aplicativos do dispositivo. Utilize o mesmo *login* e a mesma senha da plataforma para acessar o aplicativo.

Importante! Não se esqueça de sempre cadastrar seus livros da SM em seu perfil. Assim, você garante a visualização dos seus conteúdos, seja no computador, seja no dispositivo móvel. Em caso de dúvida, entre em contato com nosso canal de atendimento pelo **telefone 0800 72 54876** ou pelo *e-mail* atendimento@grupo-sm.com.

Vamos Aprender 4

LÍNGUA PORTUGUESA

ANOS INICIAIS DO ENSINO FUNDAMENTAL

Daniela Passos

Licenciada em Letras pela Universidade Estadual de Londrina (UEL-PR).
Mestra em Estudos da Linguagem pela UEL-PR.
Realiza trabalhos de assessoria pedagógica no desenvolvimento de materiais didáticos para o Ensino Fundamental.
Autora de livros didáticos para o Ensino Fundamental.

São Paulo, 2ª edição, 2020

Vamos aprender Língua Portuguesa 4
© SM Educação
Todos os direitos reservados

Direção editorial: M. Esther Nejm
Gerência editorial: Cláudia Carvalho Neves
Gerência de *design* e produção: André Monteiro
Coordenação de *design*: Gilciane Munhoz
Coordenação de arte: Melissa Steiner Rocha Antunes
Coordenação de iconografia: Josiane Laurentino
Assistência administrativa editorial: Fernanda Fortunato

Produção editorial: Scriba Soluções Editoriais
Supervisão de produção: Priscilla Cornelsen Rosa
Edição: Raquel Teixeira Otsuka, Marcos Rogério Morelli, Guilherme dos Santos Roberto, Denise de Andrade
Revisão: Liliane Fernanda Pedroso, Luciane Gomide
Edição de arte: Mary Vioto, Barbara Sarzi, Janaina Oliveira
Pesquisa iconográfica: André Silva Rodrigues
Projeto gráfico: Marcela Pialarissi, Rogério C. Rocha

Capa: Gilciane Munhoz
Ilustração de capa: Brenda Bossato
Pré-impressão: Américo Jesus
Fabricação: Alexander Maeda
Impressão: A.R. Fernandez

Dados Internacionais de Catalogação na Publicação (CIP)
(Câmara Brasileira do Livro, SP, Brasil)

Marinho, Daniela Oliveira Passos
 Vamos aprender língua portuguesa, 4º ano : ensino fundamental / Daniela Oliveira Passos Marinho. – 2. ed. – São Paulo : Edições SM, 2020.

 Suplementado pelo manual do professor.
 Bibliografia.
 ISBN 978-85-418-2648-8 (aluno)
 ISBN 978-85-418-2653-2 (professor)

 1. Português (Ensino fundamental) I. Título.

19-31410   CDD-372.6

Índices para catálogo sistemático:
1. Português : Ensino fundamental 372.6

Iolanda Rodrigues Biode – Bibliotecária – CRB-8/10014

2ª edição, 2020
3ª impressão, dezembro 2023

SM Educação
Rua Tenente Lycurgo Lopes da Cruz, 55
Água Branca   05036-120   São Paulo   SP   Brasil
Tel. 11 2111-7400
atendimento@grupo-sm.com
www.grupo-sm.com/br

Caro aluno, cara aluna,

Você começou a aprender e a fazer descobertas antes mesmo de entrar na escola. Este livro foi criado para demonstrar o quanto você já sabe e o quanto ainda pode aprender. Ele também vai ajudar você a conhecer mais sobre si e a entender melhor o mundo em que vivemos.

Vamos conhecê-lo!

Abertura

No início de cada unidade, você vai encontrar uma imagem e o **Ponto de partida**, com questões para que converse com os colegas sobre o assunto da unidade.

Lendo...

Aqui você e seus colegas vão ler diferentes textos.

Estudando o texto

Após a leitura, você vai fazer atividades que auxiliam na interpretação do texto lido.

Trocando ideias

Oportunidade para que você e os colegas troquem ideias sobre o texto lido ou sobre o conteúdo estudado.

Dica

Boxe que apresenta dicas sobre alguns conteúdos ou atividades.

Comparando textos

Momento para você e os colegas compararem textos lidos na unidade.

Lendo com expressividade

Momento para você e os colegas lerem alguns textos de forma expressiva.

Lá vem...

Nesses momentos, o professor vai ler um texto ou reproduzir uma canção para que você e seus colegas ouçam.

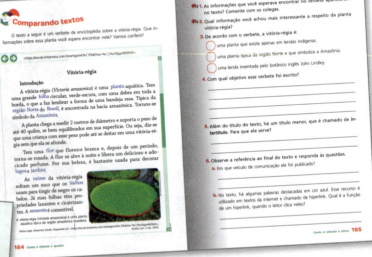

Por dentro do tema

Você e os colegas poderão refletir e conversar sobre temas importantes para nossa sociedade, como saúde, meio ambiente e direitos humanos.

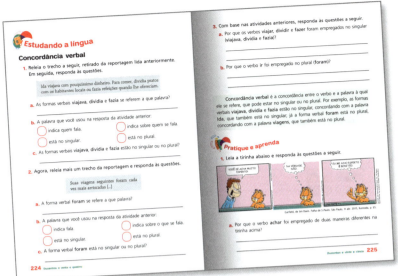

Estudando a língua

Aqui você vai aprender ou revisar alguns conteúdos relacionados à nossa língua.

Pratique e aprenda

Para colocar em prática o que aprendeu por meio de atividades.

Como se escreve?

Para aprender como escrever as palavras de acordo com as regras ortográficas da nossa língua.

Divirta-se e aprenda

Aqui você encontrará brincadeiras, atividades e jogos relacionados aos conteúdos da unidade.

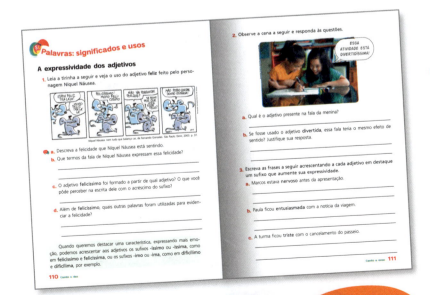

Palavras: significados e usos

Você vai conhecer palavras de origem indígena, sinônimos e antônimos, uso do dicionário e muito mais.

Produção escrita

Você vai produzir um texto escrito para colocar em prática o que está aprendendo.

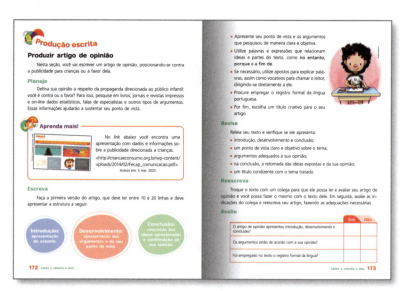

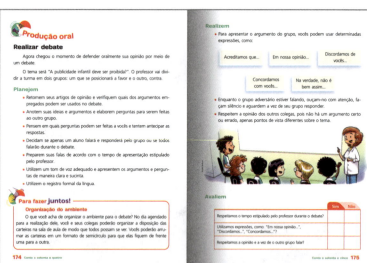

Aprenda mais!

Veja sugestões de livros, filmes, *sites*, vídeos e músicas.

Para fazer juntos!

Oportunidade para que você e os colegas trabalhem juntos em alguma atividade.

Produção oral

Você vai praticar a oralidade por meio de atividades, como debates, seminários e entrevistas.

Produção oral e escrita

Aqui você vai produzir textos escritos e orais.

Que curioso!

Informações curiosas relacionadas ao conteúdo estudado você encontra aqui.

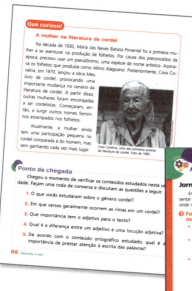

Fazendo e acontecendo

Ao final de cada volume, você e os colegas colocarão em prática o que aprenderam e farão atividades práticas, como a produção de um jornal televisivo e a organização de um sarau.

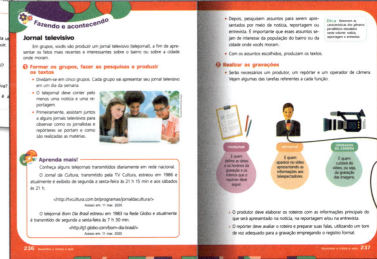

Ponto de chegada

Vai ajudar você a revisar os conteúdos estudados na unidade.

Vamos...

Aqui você vai ver dicas, comentários e reflexões que contribuem para o seu desenvolvimento e para sua relação com os outros e com o mundo. Veja alguns exemplos.

Conheça os ícones

 Responda à atividade oralmente.

 Escreva a resposta no caderno.

SUMÁRIO

UNIDADE 1 — Solta o som! 13

Lendo uma entrevista
- Violão e bicicleta
  Mônica Rodrigues da Costa 14
- Estudando o texto 16
- Lá vem canção 18

Comparando textos 19

Palavras: significados e usos
- As palavras no dicionário 21
- Pratique e aprenda 22

Divirta-se e aprenda
- Jogo do dicionário 23

Estudando a língua
- Substantivo comum e substantivo próprio 24
- Substantivo simples e substantivo composto 25
- Pratique e aprenda 26

Lendo uma reportagem
- Música que faz bem para a saúde
  Jornal Joca 28
- Estudando o texto 30

Como se escreve?
- Palavras com a/ai, com e/ei e com o/ou 33
- Pratique e aprenda 34

Produção oral
- Realizar uma entrevista 35
- Aprenda mais! 36
- Aprenda mais! 38

UNIDADE 2 — Poemas em cordão 39

Lendo um cordel
- O casamento do medroso
  José Francisco Borges 40
- Estudando o texto 44

Estudando a língua
- Adjetivo 47
- Pratique e aprenda 50

Lendo outro cordel
- Ditados populares
  César Obeid 52
- Estudando o texto 56

Como se escreve?
- Palavras terminadas em –agem 59
- Pratique e aprenda 60
- Palavras terminadas em –eza 61
- Palavras terminadas em –oso e –osa 61
- Pratique e aprenda 62

Produção escrita
- Produzir um cordel 63
- Aprenda mais! 63

UNIDADE 3 — Convivendo com as diferenças 67

Lendo um texto de divulgação científica
- Somos todos igualmente diferentes
  Roberta Nunes 68
- Estudando o texto 71

Estudando a língua
- Artigo 74
- Pratique e aprenda 75

Lendo um trecho de romance
- Extraordinário
  R. J. Palacio 78
- Estudando o texto 81

Por dentro do tema
- Agressão não é brincadeira! 84

Como se escreve?
- Som de s 85
- Pratique e aprenda 86

Produção oral e escrita
- Produzir cartazes e realizar um seminário 88
- Aprenda mais! 89
- Aprenda mais! 92

UNIDADE 4 — No esporte, todos ganham 93

Lendo um anúncio publicitário
Saia da rotina
Companhia Athletica 94
Estudando o texto 95
Lá vem canção 96

Por dentro do tema
Esporte: o companheiro para uma vida mais saudável 97

Estudando a língua
Pronomes 98
Pratique e aprenda 100

Lendo um relato pessoal
Jogador de rúgbi conta como é o seu dia a dia
Jornal Joca 102
Estudando o texto 104
Lá vem trecho de autobiografia ... 106

Comparando textos 107

Palavras: significados e usos
A expressividade dos adjetivos 110

Como se escreve?
Letra h inicial 112
Pratique e aprenda 113

Produção oral e escrita
Produzir e apresentar um texto instrucional de regras de jogo 115
Aprenda mais! 115

UNIDADE 5 — Clássicos maravilhosos 119

Lendo um trecho de texto dramático
O Gato de Botas
Maria Clara Machado 120
Estudando o texto 125
Aprenda mais! 127

Estudando a língua
A concordância entre as palavras 128
Pratique e aprenda 130

Lendo um conto
O Gato de Botas
Márcia Paganini 132
Estudando o texto 136
Lá vem conto maravilhoso 138

Como se escreve?
Pontuação 139
Pratique e aprenda 140

Produção escrita
Produzir um texto dramático 141
Aprenda mais! 141

Produção oral
Encenação do texto dramático 143
Aprenda mais! 146

UNIDADE 6 — De olho nos gastos 147

Lendo um artigo expositivo
- De onde vem e para onde vai o dinheiro?
  Prefeitura de São Paulo 148
- Estudando o texto 150

Comparando textos 153
- Aprenda mais! 156

Como se escreve?
- Palavras paroxítonas terminadas em -i(s), -l, -r e -ão(s) 157
- Pratique e aprenda 158

Lendo um artigo de opinião
- Consumo x consumismo
  Edson Gabriel Garcia 159
- Estudando o texto 161

Divirta-se e aprenda
- Consumidor consciente 163

Palavras: significados e usos
- Termos que relacionam ideias e partes do texto 164

Por dentro do tema
- Poupar é responsabilidade de todos! 167

Estudando a língua
- Aposto 168
- Vocativo 169
- Pratique e aprenda 170

Produção escrita
- Produzir artigo de opinião 172
- Aprenda mais! 172

Produção oral
- Realizar debate 174

UNIDADE 7 — Riquezas da nossa cultura 177

Lendo uma lenda
- A vitória-régia 178
- Estudando o texto 181
- Lá vem caso 183

Comparando textos 184

Estudando a língua
- Registro formal e registro informal 187
- Pratique e aprenda 189

Como se escreve?
- Palavras com x e palavras com ch 190
- Pratique e aprenda 191

Divirta-se e aprenda
- Jogo do x ou ch 191

Lendo uma notícia
- Muqui celebra encontro de Folia de Reis pela 66ª vez no ES
  Rede Gazeta 192
- Estudando o texto 194
- Aprenda mais! 197

Por dentro do tema
- Brasil: um país multicultural 198

Como se escreve?
- Vírgula em enumerações 199
- Pratique e aprenda 200

Produção escrita
- Produzir uma notícia 201
- Aprenda mais! 201
- Aprenda mais! 204

UNIDADE 8 — Rumo ao desconhecido 205

Lendo um trecho de romance de aventura

No reino dos pequeninos
Jonathan Swift **206**

Estudando o texto **210**

Aprenda mais! **212**

Estudando a língua

Verbo **213**

Pratique e aprenda **216**

Lendo uma reportagem

Ida Pfeiffer
Miriam Lifchitz Moreira Leite **219**

Estudando o texto **222**

Estudando a língua

Concordância verbal **224**

Pratique e aprenda **225**

Como se escreve?

Palavras derivadas terminadas em –isar e –izar **228**

Pratique e aprenda **230**

Divirta-se e aprenda

Diagrama dos verbos **231**

Produção escrita

Produzir uma narrativa de aventura **232**

Aprenda mais! **232**

Fazendo e acontecendo

Jornal televisivo **236**

Aprenda mais! **236**

Bibliografia **240**

unidade

1 Solta o som!

Adriana Calcanhotto no *show Adriana Partimpim*, no Rio de Janeiro, em 2010.

Ponto de partida

1. A qual tipo de arte esta imagem se relaciona?

2. Você gosta de ouvir música? Por quê?

Lendo uma entrevista

Você vai ler uma entrevista com o cantor e compositor Toquinho. Com base no título do texto, sobre o que você imagina que ele vai falar?

Violão e bicicleta

Nos 50 anos de carreira, Toquinho relembra os tempos de criança e fala das brincadeiras na rua; conheça álbuns infantis do compositor

"Numa folha qualquer, eu desenho um sol amarelo". Assim começa a canção "Aquarela" (1983), em que o personagem colore o mundo que imagina, cria guarda-chuvas e castelos. A letra completa a cena: "Pinto um barco a vela branco, navegando".

A música [...] é uma das mais conhecidas de Toquinho, 68, um dos principais músicos e compositores do país, que completa 50 anos de carreira em 2014.

"A letra desperta a criança dentro de nós", conta.

Conhecido por parcerias com grandes nomes da música brasileira, como Vinicius de Moraes (1913-1980) e Chico Buarque, Toquinho tem uma reconhecida produção de músicas para crianças [...].

Na casa do artista, ele recebeu a "Folhinha" para um bate-papo.

Cantor e compositor Toquinho, em São Paulo, 2013, durante a entrevista com a "Folhinha".

Folhinha — Como foi sua infância?

Toquinho — Vivi no Bom Retiro, em São Paulo. Minha rua não era asfaltada. Eu jogava bola na rua, bolinha de gude, andava de bicicleta, rodava pião, soltava pipa.

Seu *site* diz que sua mãe não gostava quando você tirava nota alta na escola.

Minha mãe pedia para eu tocar violão. Eu era um aluno exemplar, muito competitivo e, quando chegava a época das provas, ficava nervoso, passava mal, vomitava. Aí minha mãe falou: "Se você tirar alguma nota dez, vai de castigo, deixe o estudo um pouco de lado".

Era *nerd*?

Nerdíssimo. O violão tirou minha preocupação com a escola.

Como decidiu trabalhar com música?

Tive apoio da família. Meu pai e minha mãe me incentivaram nessa profissão, ainda vista como marginal, que é a de artista.

Quando começou a tocar pra valer?

Aos 12 anos, por aí. Estudei muito violão. Gravei meu primeiro disco aos 18 anos, estava de *smoking* na capa, muito bonitinho.

Como é ter músicas para adultos e crianças?

Eu não pensava em fazer música infantil. Mas o Vinicius de Moraes me introduziu nisso. Ele era mais criança do que eu e me mostrou "A Arca de Noé" [1970], um livrinho de poemas infantis dele. Comecei a musicá-los e saiu o disco "Arca de Noé". Depois teve o "Arca de Noé 2". Os dois têm canções que crianças estão estudando até hoje, como "O Pato" e "A Casa".

Quais as músicas de que mais gosta?

"Aquarela" é um sucesso que não dá para explicar. Ela me deu muitas alegrias. As crianças amam, é especial. Mas tenho mais de 50 canções infantis.

O que dizer às crianças?

Que busquem fazer o que mais gostem na vida. Acho que as crianças têm de ter liberdade. Não a liberdade solta e inconsequente, mas que façam seus próprios caminhos.

Violão e bicicleta, de Mônica Rodrigues da Costa. *Folha de S.Paulo*, 15 nov. 2014. Folhinha, p. 4-5. Folhapress.

Essa entrevista foi publicada na "Folhinha", um suplemento infantil do jornal *Folha de S.Paulo* que atualmente só é veiculado na versão digital.

Mônica Rodrigues da Costa, a jornalista que entrevistou Toquinho, é especializada na cobertura de assuntos ligados à infância e à cultura. Foi editora da "Folhinha" por mais de 15 anos.

Estudando o texto

1. O que você achou da entrevista lida?

2. O que você imaginou que Toquinho fosse dizer na entrevista se confirmou ao ler o texto? Converse com os colegas sobre isso.

3. Releia uma resposta de Toquinho na entrevista.

> Acho que as crianças têm de ter liberdade. Não a liberdade solta e inconsequente, mas que façam seus próprios caminhos.

Você concorda com essa opinião do músico? Por quê?

4. Releia o título da entrevista.

> **Violão e bicicleta**

Que relação existe entre esse título e o conteúdo da entrevista?

_____

_____

_____

5. O que se comemorava na vida de Toquinho no ano em que essa entrevista foi publicada?

_____

6. Marque um **X** na alternativa correta sobre a infância de Toquinho.

○ Levava muita bronca da mãe porque preferia tocar violão a estudar e, por isso, não tirava boas notas na escola.

○ Ele brincava de bola, bolinha de gude, bicicleta, pião e pipa na rua e era um ótimo aluno.

○ Só queria aprender a tocar violão e brincar na rua, deixando de lado os estudos.

7. Por que a mãe de Toquinho ameaçou colocá-lo de castigo, caso tirasse alguma nota dez na escola?

_____

_____

_____

8. Qual foi a solução que a mãe de Toquinho encontrou para melhorar a relação do menino com os estudos?

○ Ela o mandava andar de bicicleta.

○ Ela pedia a ele que tocasse violão.

○ Ela pedia a ele que desenhasse.

9. Com base nas suas respostas às questões **7** e **8**, você concorda com a mãe de Toquinho? Por quê?

_____

_____

_____

10. Que conselho Toquinho dá às crianças?

_____

_____

Dezessete **17**

11. Releia os trechos a seguir observando o emprego das aspas. Em seguida, destaque da página **253** os **adesivos** com as explicações sobre o uso das aspas e cole-os nos locais mais adequados.

Assim começa a canção "Aquarela" (1983), em que o personagem colore o mundo que imagina [...]

"Numa folha qualquer, eu desenho um sol amarelo"

Aí minha mãe falou: "Se você tirar alguma nota dez, vai de castigo, deixe o estudo um pouco de lado".

12. Como você identificou as perguntas e as respostas dessa entrevista?

_____
_____
_____
_____

Lá vem canção

Agora você vai ouvir uma das canções de Toquinho: "A bicicleta". Ela tem como personagem principal uma bicicleta, um dos brinquedos favoritos de Toquinho em sua infância. Na canção, é ela quem "canta" suas qualidades aos ouvintes e amigos ciclistas.

Capa do CD *Casa de brinquedos*, de Toquinho, produzido pela gravadora Polygram, 1983.

18 Dezoito

Comparando textos

Agora, vamos ler um poema visual. Por que será que esse gênero recebe esse nome? À primeira vista, o que você vê nesse poema?

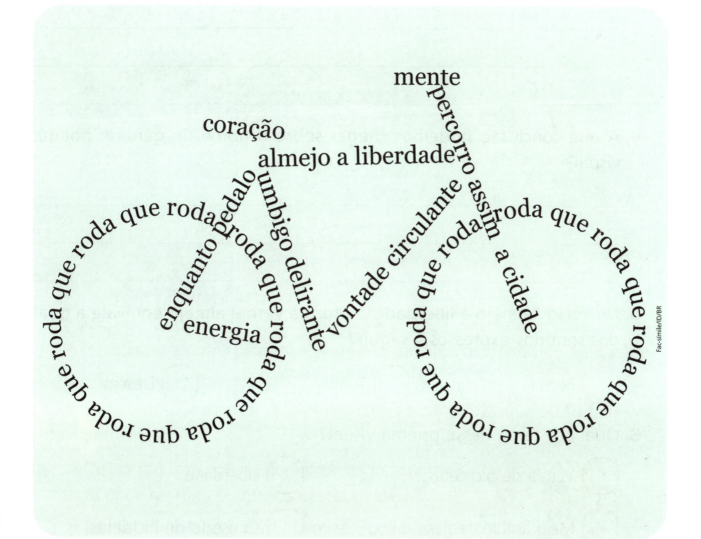

Bicicleta, de Leo Leonel. *Bicarbonato poético*. Disponível em: <http://bicarbonatopoetico.blogspot.com.br/search/label/2011>. Acesso em: 6 out. 2017.

Esse poema visual foi criado por Leo Leonel. Nascido no Rio de Janeiro, ele mudou-se para Portugal ainda criança. Já foi jornalista e fotógrafo, atualmente escreve romances, contos, poesias e outros gêneros, além de atuar como DJ.

1. Quais são as suas impressões sobre esse poema?

2. Esse poema apresenta versos, estrofes e rimas?

_____

_____

3. De que forma os versos do poema se relacionam com a imagem formada?

_____

_____

_____

4. A que conclusão podemos chegar sobre o nome do gênero: poema visual?

_____

_____

_____

5. No verso "almejo a liberdade", a forma verbal **almejo** equivale a qual dos sentidos expressos a seguir?

○ Peço.   ○ Tenho.   ○ Desejo.

6. Qual é o tema desse poema visual?

○ Venda de bicicletas.   ○ Liberdade.

○ Meio ambiente.   ○ Conserto de bicicletas.

7. Como podemos relacionar esse poema com a entrevista de Toquinho?

_____

_____

_____

_____

Palavras: significados e usos

As palavras no dicionário

1. Releia o início do texto "Violão e bicicleta".

Violão e bicicleta

Nos 50 anos de carreira, Toquinho relembra os tempos de criança e fala das brincadeiras na rua; conheça álbuns infantis do compositor

Agora, leia um verbete de dicionário com a palavra **carreira**.

carreira (car.rei.ra) *s.f.* **1.** Profissão pela qual se recebe um salário e que oferece oportunidades de crescimento: *Ele pretende seguir a carreira de jornalista.* **2.** Corrida rápida e a pé: *Deu uma carreira para pegar o ônibus.* **3.** Conjunto de elementos colocados em linha: *Plantou uma carreira de flores seguindo o muro.* || **às carreiras** Com pressa ou a uma grande velocidade: *saiu às carreiras de casa para não se atrasar.*

Dicionário didático, de vários colaboradores. 3. ed. São Paulo: Edições SM, 2009. p. 153.

a. Quantos significados esse verbete apresenta para a palavra **carreira**? ◯

b. Qual dos significados apresentados a palavra **carreira** expressa no texto "Violão e bicicleta"?

◯ O sentido 1.

◯ O sentido 2.

◯ O sentido 3.

O dicionário, entre outras utilidades, serve para esclarecer o significado de palavras desconhecidas ou que possam nos causar dúvida.

Pratique e aprenda

1. Leia o verbete de dicionário a seguir.

> **rei** *s.m.* **1** Em um reino, soberano ou chefe de Estado. **2** No jogo de xadrez, peça principal, cuja perda supõe o final da partida e que geralmente só pode ser movida de casa em casa. [...] **3** Em um baralho, carta com a letra K e que representa um monarca. **4** Pessoa que, por sua excelência ou seu poder, se destaca entre os demais de sua classe: *Pelé é o rei do futebol*. [...] Nas acepções 1 e 4, seu feminino é *rainha*.
>
> Dicionário didático, de vários colaboradores. 3. ed. São Paulo: Edições SM, 2009. p. 689-690.

a. O que os números **1**, **2**, **3** e **4** indicam nesse verbete?

_____

_____

b. Relacione o uso da palavra **rei** em cada uma das frases com os sentidos apresentados no verbete.

- O rei era a carta mais esperada na partida. ◯
- Ele ficou conhecido como o rei do humor. ◯
- Pedro movimentou o rei para o lado. ◯

c. Com que objetivo a frase *"Pelé é o rei do futebol"* foi destacada no verbete acima?

_____

_____

2. De acordo com a reflexão realizada, qual é a função do dicionário?

_____

_____

_____

Divirta-se e aprenda

Jogo do dicionário

1. Que tal brincar de **Jogo do dicionário** para aprender algumas palavras diferentes e conhecer seus significados?

Veja as orientações a seguir.

- Formem grupos de 4 ou 5 integrantes.
- O professor vai dizer para a turma uma palavra.
- Cada grupo anota em uma folha de papel uma definição para essa palavra e a entrega para o professor.
- O professor vai ler todas as definições entregues pelos grupos e a definição correta da palavra.
- Cada grupo vota na definição que considera correta.
- Definam os critérios para a pontuação.

Esses passos devem ser repetidos a cada rodada em que o professor ditar uma nova palavra.

Ao final do jogo, vence a equipe com mais pontos.

Substantivo comum e substantivo próprio

1. Releia um trecho do texto "Violão e bicicleta".

> Conhecido por parcerias com grandes nomes da música brasileira, como Vinicius de Moraes (1913-1980) e Chico Buarque, **Toquinho** tem uma reconhecida produção de músicas para **crianças** [...].

Os substantivos destacados nesse trecho nomeiam pessoas.

a. Qual deles nomeia uma pessoa específica, única?

_____

b. Qual deles nomeia as pessoas sem especificá-las?

_____

> O substantivo que nomeia algo de forma geral é classificado como **substantivo comum**, como a palavra **crianças**, que apareceu no texto.
>
> O substantivo que nomeia algo específico, particularizando-o, é classificado como **substantivo próprio**. O substantivo próprio é sempre escrito com letra inicial maiúscula, como a palavra **Toquinho**, que você viu no texto.

c. Que outros substantivos foram empregados no trecho que você leu acima para nomear pessoas específicas?

_____

_____

Substantivo simples e substantivo composto

1. Leia a seguir o trecho de um artigo de curiosidade científica.

> https://mundoestranho.abril.com.br/ambiente/como-se-forma-o-arco-iris/
>
> ### Como se forma o arco-íris?
> **Chuva ou umidade do ar favorece o belo fenômeno**
>
> [...] O arco-íris surge quando o Sol ilumina a umidade suspensa no ar, após uma chuvarada, por exemplo. Quando um raio bate na borda de uma gotinha de água ou de vapor, a luz branca do Sol é desviada e se decompõe nas sete cores que compõem seu espectro: vermelho, laranja, amarelo, verde, azul, anil e violeta. [...]

Como se forma o arco-íris? *Mundo Estranho*. Abril Comunicações S.A. n. 7. p. 24. 1º set. 2002. Disponível em: <https://mundoestranho.abril.com.br/ambiente/como-se-forma-o-arco-iris/>. Acesso em: 19 set. 2017.

a. Qual é o objetivo principal desse texto?

_____

_____

b. Escreva o substantivo que nomeia o fenômeno da natureza que é explicado nesse texto.

_____

c. Escreva pelo menos um substantivo que nomeia outro fenômeno da natureza que aparece na linha 2 do texto.

_____

d. Qual é a principal diferença entre os substantivos que você identificou nos itens **b** e **c**?

_____

_____

_____

Vinte e cinco **25**

O substantivo formado por uma única palavra é classificado como **substantivo simples**.

O substantivo formado por mais de uma palavra é classificado como **substantivo composto**.

A palavra **arco-íris** é um substantivo composto, escrito com hífen, assim como **beija-flor**, **guarda-chuva** e **roda-gigante**. Veja a seguir outros tipos de formação de substantivos compostos.

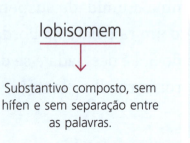

lobisomem

Substantivo composto, sem hífen e sem separação entre as palavras.

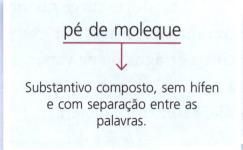

pé de moleque

Substantivo composto, sem hífen e com separação entre as palavras.

Pratique e aprenda

1. Leia o poema para responder às questões.

Bicho de estimação

Catarina voltou pra casa.
Encontrei-a num cantinho
me olhando assustada,
como se fosse levar bronca ou pisada.
Arrastando a barriguinha
branca pontilhada de insetos
subiu sua parede predileta
a mais de 120 por hora.
Lá do teto continuou sem me dizer nada.
Catarina só abre a boca
pra entrar mosquito.
É uma lagartixa muito bem-educada.

Bicho de estimação, de Wania Amarante. Em: *Quarto de costura*. Ilustrações originais de Guignard. São Paulo: FTD, 2013. p. 31.

a. Responda com um substantivo.
- Qual é a espécie do bicho de estimação que aparece no poema?

  _____

- Qual é o nome desse bicho?

  _____

b. Qual dessas palavras é um substantivo comum e qual é um substantivo próprio?

  _____

  _____

2. Leia as adivinhas a seguir e identifique o substantivo que responde a cada uma delas.

O que é, o que é?

Quanto mais se tira, mais aumenta.
Adivinha popular.

Parece uma nuvem colorida, fica em torno de um palito e guardado em um saquinho.
Adivinha popular.

_____

_____

Objeto que sobe quando a chuva desce.
Adivinha popular.

Anda deitado e dorme em pé.
Adivinha popular.

_____

_____

- Agora, classifique os substantivos encontrados de acordo com as indicações do quadro abaixo.

Substantivos simples	
Substantivos compostos	

Vinte e sete **27**

Lendo uma reportagem

Você sabia que a música também faz bem para a saúde? Você consegue imaginar como ela pode nos tornar mais saudáveis? Leia a reportagem e descubra se você acertou.

MÚSICA QUE FAZ BEM PARA A SAÚDE

Ouvir músicas que dão prazer melhora o humor das pessoas, segundo um estudo feito pela McGill University, do Canadá.

Testes feitos em voluntários mostraram que o nível de dopamina, substância produzida no cérebro que dá a sensação de prazer, aumenta 9% quando as pessoas escutam melodias de que gostam.

Para chegar a esse resultado, os pesquisadores usaram aparelhos que medem a quantidade da dopamina, a temperatura do corpo, a frequência dos batimentos cardíacos, entre outros fatores.

A aluna Manuela H., de 7 anos, do Colégio Dante Alighieri, diz que música "traz alegria para as pessoas". Fã de *rock*, ela conta que começou a fazer aulas de piano quando tinha 6 anos. "Eu adoro e tenho uma amiga que faz aula comigo. Quando minhas colegas vão para casa, eu toco para elas", afirma.

Para escutar músicas, crianças como Caetano V., de 9 anos, e Bianca M., de 8 anos, utilizam a tecnologia. Caetano, que gosta de Tim Maia e The Beatles, costuma ouvir no YouTube, no celular. Já Bianca ouve algumas canções no *tablet* e "outras no rádio do carro, com o meu pai".

As imagens e os textos presentes nesta coleção apresentam finalidade didática, sem objetivo de promover qualquer tipo de produto ou empresa.

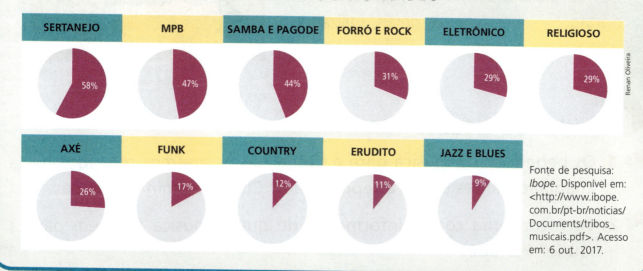

GÊNEROS MUSICAIS MAIS OUVIDOS PELOS BRASILEIROS NO RÁDIO

SERTANEJO	MPB	SAMBA E PAGODE	FORRÓ E ROCK	ELETRÔNICO	RELIGIOSO
58%	47%	44%	31%	29%	29%

AXÉ	FUNK	COUNTRY	ERUDITO	JAZZ E BLUES
26%	17%	12%	11%	9%

Fonte de pesquisa: *Ibope*. Disponível em: <http://www.ibope.com.br/pt-br/noticias/Documents/tribos_musicais.pdf>. Acesso em: 6 out. 2017.

BENEFÍCIOS DA MÚSICA PARA A SAÚDE

Induz ao movimento
O ritmo está presente no ser humano desde o nascimento, por isso a música ajuda nas atividades físicas, por exemplo.

Melhora a comunicação
A música desenvolve a linguagem, a fala, e aumenta o vocabulário.

Criar vínculos
Quando a mãe canta para o filho, ele memoriza a voz, e uma relação entre eles é criada.

Ameniza a dor e o medo
Ao cantar, a pessoa muda o foco e se distrai da dor e do medo, tirando a atenção do problema.

Fortalece a memória
Responsável por armazenar as últimas palavras lidas em um texto e estimula novas conexões no cérebro.

MPB: Música Popular Brasileira

Música que faz bem para a saúde. *Jornal Joca*, São Paulo, Magia de Ler, n. 90, mar. 2017. Cotidiano, p. 6.

O *Jornal Joca* é veiculado de forma impressa e *on-line*. Produzido especialmente para o público infantojuvenil, traz notícias do Brasil e do mundo e apresenta reportagens sobre assuntos gerais, utilizando uma linguagem simples.

Estudando o texto

1. Os benefícios da música para a saúde são os mesmos que você havia imaginado antes de ler a reportagem? Converse com os colegas.

2. Você concorda com a informação de que a música faz bem para a saúde? Por quê?

3. Qual é o tema apresentado na reportagem?

   _____

   _____

4. Quais aparelhos as crianças da reportagem utilizam para ouvir músicas?

   _____

   _____

   • E você, como costuma ouvir música: pelo celular, computador, rádio ou outro aparelho?

   _____

   _____

5. Uma reportagem pode fazer uso de diversos elementos visuais, além do texto verbal.

   a. Quais são os elementos visuais utilizados nessa reportagem?

   ◯ Mapa.   ◯ Ilustrações.

   ◯ Gráficos.   ◯ Fotos.

b. De que forma esses elementos visuais contribuem para a leitura do texto?

_____

_____

6. Releia os gráficos da reportagem, na página **29**, e responda às questões a seguir.

a. Qual é o gênero mais ouvido pelos brasileiros no rádio?

_____

b. E quais são os menos ouvidos?

_____

7. Escreva **V** para as informações verdadeiras e **F** para as falsas, de acordo com as informações da parte da reportagem intitulada "Benefícios da música para a saúde".

◯ A música ajuda nas atividades físicas.

◯ A música distancia as pessoas, evitando o vínculo.

◯ A música desenvolve a linguagem, a fala e aumenta o vocabulário.

◯ Além de enfraquecer a memória, a música dificulta o estímulo de novas informações no cérebro.

◯ Ao cantar, a pessoa se distrai, amenizando dessa forma a dor e o medo.

> **Vamos apreciar**
> Música é uma forma de arte. Quando ouvimos música, além de nos sentirmos bem, prestigiamos diversos profissionais que colaboram com a cultura.

8. Releia os últimos parágrafos da reportagem, na página **28**, e marque um **X** na alternativa que apresenta a função das aspas nesse trecho.

◯ Indicam que se trata de um trecho de outro texto.

◯ Indicam o título de uma letra de canção.

◯ Indicam que se trata da reprodução da fala de alguém.

9. Releia este trecho da reportagem.

> Testes feitos em voluntários mostraram que o nível de dopamina, **substância produzida no cérebro que dá a sensação de prazer**, aumenta 9% quando as pessoas escutam melodias de que gostam.

a. Qual função a informação em destaque tem nessa frase?

○ Apresenta uma característica da palavra **dopamina**.

○ Explica o significado da palavra **dopamina**.

○ Revela como a palavra **dopamina** é formada.

b. Em sua opinião, por que esse trecho foi inserido na reportagem?

_____

_____

10. Com que objetivo essa reportagem foi escrita?

_____

_____

11. Circule a imagem que representa o suporte em que a reportagem lida foi veiculada.

12. Qual é o público-alvo dessa reportagem, ou seja, quem são seus possíveis leitores?

_____

Como se escreve?

Palavras com a/ai, com e/ei e o/ou

1. Quando falamos, é muito comum pronunciarmos algumas palavras de maneira diferente da forma como elas são escritas. Observe as imagens a seguir.

a. Pronuncie o nome de cada um dos elementos acima.

b. Agora, pinte no diagrama a seguir os três nomes que você pronunciou na atividade anterior.

C	É	U	O	P	A	I	F	E	I	X	A
M	E	L	T	E	S	O	U	R	A	E	L
D	I	A	E	I	E	S	C	A	D	A	X
L	C	A	I	X	A	U	Á	G	U	I	A
A	Ç	O	S	E	M	P	R	E	F	O	R

c. A maneira como você pronunciou essas palavras corresponde à forma como elas são escritas? Explique.

Em situações orais, é comum algumas palavras serem pronunciadas de forma diferente da maneira como são escritas. É o caso das palavras **caixa**, **peixe** e **tesoura**, por exemplo, quando não têm os ditongos **ai**, **ei** e **ou** pronunciados.

Sendo assim, é preciso atenção para não alterar a escrita de palavras como essas. Ao escrevê-las, em um contexto formal, não acrescente nem retire vogais. Em caso de dúvida, consulte um dicionário.

Pratique e aprenda

1. Complete as palavras a seguir.

L_____te   Mand_____ca   Am_____xa   Serig_____la

2. Pronuncie as palavras a seguir.

| nascer | cacho | ouro | bandeja | taxa |

| deixa | desejo | dinheiro | rapaz |

| coleira | faz | touro | eficaz | chuveiro |

a. Pinte de **verde** as palavras que, na pronúncia, costumam ganhar uma vogal.

b. Pinte de **azul** as palavras que, na pronúncia, costumam perder uma vogal.

3. Leia as dicas a seguir para descobrir as palavras. Em seguida, escreva-as.

a. Se não sou alto, sou _____.

b. Caminho pelas ruas, fazendo a alegria de todos em um dia de calor. Se eu vendo sorvetes, o _____ eu sou.

c. Quando não tenho muito, nem o mesmo tanto, posso dizer que tenho _____.

Produção oral

Realizar uma entrevista

Junte-se a dois ou três colegas para entrevistarem alguém que realiza algum trabalho com música.

A entrevista deverá ser gravada em vídeo para ser apresentada à turma.

Planejem

- Definam quem vai ser entrevistado. Pode ser:

- um músico da sua cidade
- um cantor ou maestro
- um professor de música
- alguém que desenvolve um trabalho voluntário com música

- Pesquisem sobre a profissão e sobre o trabalho desenvolvido pelo entrevistado.

- Elaborem, por escrito, um roteiro com as perguntas que serão feitas ao entrevistado.

- De acordo com o perfil do entrevistado, a entrevista pode ser mais ou menos descontraída.

- Revisem o roteiro e verifiquem se podem excluir alguma pergunta ou acrescentar outras.

Aprenda mais!

A indicação a seguir pode ajudá-los a ter uma ideia de quais perguntas costumam ser feitas, de acordo com o entrevistado.

Leiam uma entrevista feita com um cientista que estuda o chocolate. Com certeza, o trabalho dele é uma delícia!

<http://chc.org.br/doutor-chocolate/>
Acesso em: 4 mar. 2020.

- Escolham qual será a ferramenta para a gravação, testem-na previamente para garantir uma boa qualidade de imagem e som.

| um celular | uma câmera filmadora ou fotográfica | um *tablet* |

- Definam a ordem de quem fará as perguntas. É importante que todos os alunos do grupo passem pela experiência de ser entrevistador.

- Ensaiem para verificar se o som e a imagem da gravação estão bons, se não há problemas com as perguntas do roteiro, se estão empregando um tom de voz adequado e se todos sabem o que vão perguntar.

Realizem

- Agendem uma data com o entrevistado para a realização da entrevista. No dia marcado, sejam pontuais e não se esqueçam de levar o roteiro e o aparelho para a gravação.
- No momento da entrevista, sejam educados e procurem fazer as perguntas do roteiro com calma e clareza.
- Caso o entrevistado fale algo interessante, escutem-no com atenção e, em seguida, aproveitem o momento e improvisem outras perguntas.

Para fazer juntos!

Exibição das entrevistas

O professor vai marcar uma data para que todas as entrevistas sejam exibidas. Aproveitem para conhecer um pouco da vida dos entrevistados e verificar como os outros grupos elaboraram os roteiros e realizaram esse trabalho.

Avaliem

	Sim	Não
Pesquisamos informações sobre a profissão do entrevistado?		
As perguntas do roteiro possibilitaram que o entrevistado contasse sobre sua profissão?		
Fomos educados e empregamos um tom de voz adequado?		
O entrevistado foi ouvido com atenção?		
Conseguimos improvisar perguntas a partir das respostas dadas pelo entrevistado?		
A qualidade de som e de imagem da nossa gravação ficou boa?		

Aprenda mais!

Que tal viajar no tempo e conhecer a história da música no mundo, desde seus primórdios, lá na Idade da Pedra, até a atualidade? Com o livro *Uma história da música para crianças*, é possível fazer essa empolgante viagem, na companhia dos personagens Clara e Frederico.

Você vai conhecer diversas épocas e bastante coisa interessante, como o surgimento dos musicais. No fim, depois de tanta novidade, o livro ainda traz anedotas sobre grandes compositores e um jogo da música para você testar seus conhecimentos.

Uma história da música para crianças, de Monika e Hans-Günter Heumann. Tradução de Tereza Maria Souza de Castro. Ilustrações de Andreas Schürmann. São Paulo: Martins Fontes, 2011.

Ponto de chegada

Vamos revisar os conteúdos estudados nesta atividade. Façam uma roda de conversa e respondam às questões abaixo.

1. Quais são as principais características de uma entrevista?

2. Qual é a importância do dicionário?

3. Além do texto verbal, quais elementos podem fazer parte de uma reportagem?

4. Qual é a função dos elementos visuais em uma reportagem?

5. Que tipos de substantivos você estudou nesta unidade? Cite as principais características deles.

6. De acordo com o conteúdo ortográfico estudado, qual é a importância de prestar atenção à escrita das palavras?

unidade 2
Poemas em cordão

A vida no sertão, xilogravura de J. Borges.

Ponto de partida

1. O que as pessoas retratadas estão fazendo?

2. Além das pessoas, o que mais você consegue identificar nessa cena?

3. A imagem acima é uma xilogravura. Em sua opinião, que história um cordel poderia contar a partir dessa xilogravura?

Lendo um cordel

O que você imagina que pode ter acontecido com um homem muito medroso, dias antes de seu casamento, quando saiu tarde da noite da casa de sua noiva?

O casamento do medroso

Lá na Serra das Guaribas
morava um rapaz famoso
honesto e trabalhador
de dia era corajoso
mas quando a noite caía
ele era muito medroso

Chamava-se Carolino
não era muito bonito
olhos ruídos e banguelo
o nariz feito um pirulito
os braços finos e tortos
e as pernas como um cambito

[...]

No pé da serra morava
um velho chamado João
tinha uma filha moça
de sua estimação
e o nome dela era
Gonçala da Conceição

cambito: peça fina de madeira usada nos lombos de animais de carga

Um dia numa novena
Carolino viu Gonçala
falou casamento a ela
e ela quase não fala
teve tanta alegria
que pulou no meio da sala

[...]

E ficaram logo noivos
na manhã do outro dia
Carolino muito alegre
cantava e se divertia
e para casa da noiva
toda tarde ele ia

Mas um dia namorando
Carolino se entreteu
olhando para a noiva
de repente escureceu
ele com medo de ir
de demorar se arrependeu

novena: série de nove dias de rezas

E quando resolveu sair
era grande a escuridão
ele olhou no terreiro
tinha palhas de feijão
ele levantou as palhas
e se deitou lá no chão

Mas os meninos da casa
saíram para brincar
tocaram fogo na palha
e vendo o fogo levantar
Carolino aí correu
com medo de se queimar

E quando ele correu
no meio da escuridão
os meninos correram atrás
dizendo pega o ladrão
os cachorros pega não pega
e Carolino em aflição

Gustavo Machado

Na frente tinha um barreiro
com um lodo esverdeado
Carolino caiu dentro
quase morria afogado
depois que anadou muito
foi sair do outro lado

Os meninos descobriram
ser o noivo de Gonçala
trouxeram ele molhado
tremendo e faltando a fala
mudaram uma roupa nele
ele sentou-se na sala

Com 3 semanas casou-se
e de noite não andou mais
tinha medo de almas
de lobisomem e chacais
com medo da própria sombra
andava olhando pra trás. Fim.

O casamento do medroso, de José Francisco Borges. Em: *Historinhas de cordel para crianças*. p. 1-4.

anadou: nadou
barreiro: grande quantidade de lama, lamaçal
chacais: mamíferos da família dos cães
lodo: mistura de barro com matéria orgânica que se acumula em locais muito úmidos

O cordel que você leu foi publicado em um folheto, escrito e ilustrado por J. Borges, um dos mais conhecidos cordelistas brasileiros. Ele nasceu em Bezerros, em Pernambuco, e já ilustrou capas de cordéis, livros e discos.

Capa do cordel *O casamento do medroso*, de José Francisco Borges.

Lendo com expressividade

O cordel é um gênero próprio para ser declamado. Então, que tal dividir o poema "O casamento do medroso" entre seus colegas da turma, de modo que cada um leia uma estrofe? O professor vai orientá-los.

Estudando o texto

1. O que você imaginou que poderia acontecer com o personagem se confirmou? Comente com a turma.

2. Com um colega, releia o cordel e analise-o considerando:

- a construção das estrofes.
- o número de versos que compõem cada estrofe.
- a presença da rima em cada estrofe.

a. Quantas estrofes esse cordel tem?
_____

b. A quantidade de versos é a mesma em cada estrofe ou esse número varia?
_____
_____

c. Que efeito produz esse recurso da construção das estrofes?
_____
_____

3. Rima é o som final semelhante entre duas ou mais palavras.

a. As palavras que rimam entre si aparecem em que posição nas estrofes?

_____

_____

b. Nesse cordel, as rimas:

◯ tornam o poema mais extenso e difícil de ser compreendido.

◯ deixam o poema com ritmo e sonoridade agradáveis.

4. Que história está sendo narrada no cordel "O casamento do medroso"?

_____

_____

_____

5. Destaque os **adesivos** da página **253** e cole-os nos respectivos lugares de acordo com o texto e as informações abaixo.

Situação inicial (apresentação dos fatos) →

Conflito da história →

Desfecho da narrativa →

6. Releia os versos abaixo e marque um **X** na alternativa que explica o o efeito produzido por eles no cordel.

A O nariz feito um pirulito

B quase morria afogado

○ No verso **A**, temos um exagero das características de Carolino. No verso **B**, há um excesso de informações, pois o leitor já sabe que Carolino havia morrido.

○ No verso **A**, temos uma comparação que ajuda o leitor a entender como Carolino era. No verso **B**, há um exagero do sofrimento de Carolino quando estava no barreiro.

7. Releia a estrofe abaixo.

Mas os meninos da casa
saíram para brincar
tocaram fogo na palha
e vendo o fogo levantar
Carolino **aí** correu
com medo de se queimar

a. A qual das expressões abaixo equivale o termo "tocaram fogo"?

○ Atearam fogo.   ○ Cessaram fogo.   ○ Apagaram o fogo.

b. A palavra em destaque é muito comum na língua falada. Qual das palavras abaixo equivale a ela na língua escrita?

○ Quando.   ○ Esperto.   ○ Então.   ○ Porque.

c. Explique a importância das marcas da oralidade em textos como esse.

_____

_____

_____

Estudando a língua

Adjetivo

1. Releia as seguintes estrofes do cordel "O casamento do medroso".

Lá na Serra das Guaribas
morava um rapaz **famoso**
honesto e **trabalhador**
de dia era **corajoso**
mas quando a noite caía
ele era muito **medroso**

Chamava-se Carolino
não era muito **bonito**
olhos **ruídos** e **banguelo**
o nariz feito um pirulito
os braços **finos** e **tortos**
e as pernas como um cambito

a. Assinale a alternativa que explica a função das palavras destacadas na primeira estrofe.

◯ Elas apresentam as características do personagem.

◯ Elas mostram as ações do personagem.

b. As palavras destacadas na segunda estrofe se referem a que substantivos da frase?

_____
_____

c. Qual a importância das palavras destacadas para a construção de sentido do texto que você leu?

_____
_____

> A palavra que atribui característica ao substantivo recebe o nome de **adjetivo**.

2. Observe abaixo a relação entre os substantivos e os adjetivos.

> rapaz **formoso**

> braços **finos**

a. Qual adjetivo foi empregado no singular e qual foi empregado no plural?
_____
_____

b. Por que, nesses casos, um adjetivo foi empregado no singular e o outro, no plural?
_____
_____
_____
_____

c. Se no lugar da palavra **rapaz** fosse empregada a palavra **moça**, o adjetivo **formoso** sofreria alguma alteração? Explique.
_____
_____
_____

> O **adjetivo** concorda com o gênero (masculino e feminino) e o número (singular e plural) do substantivo.

A regra de concordância que você acabou de ver é uma regra geral. Existem alguns casos especiais de concordância. Um exemplo é quando o adjetivo tem apenas uma forma tanto para o masculino quanto para o feminino. Veja:

> Amigo **fiel**.

> Amiga **fiel**.

3. Observe o varal de cordéis a seguir. Depois, responda às questões.

Capa do cordel *A festa da galinha*, de Abdias Campos.

Capa do cordel *As seis moedas de ouro*, de Antonio Francisco.

Capa do cordel *Meu dentinho de leite*, de Ana Raquel Campos.

a. Por qual das três histórias você mais se interessou? Por quê?

b. Indique os termos que qualificam os substantivos nos títulos acima.

- festa: _____

- moedas: _____

- dentinho: _____

c. O que você pôde perceber de diferente na formação dos termos que caracterizam os substantivos nos títulos acima?

_____
_____
_____

Quando um termo que atribui uma qualidade ao substantivo ou o especifica é formado por mais de uma palavra, ele recebe o nome de **locução adjetiva**.

1. Leia a tirinha a seguir e responda às questões.

Coleção as melhores tiras: Cascão, de Mauricio de Sousa. São Paulo: Globo, 2006. p. 5.

a. O banho para o qual Cascão estava se preparando é o mesmo imaginado por Cebolinha? Justifique sua resposta.

_____

_____

b. Quais adjetivos Cascão utilizou para caracterizar o lugar onde estendeu sua toalha?

_____

c. Qual termo ele usou para caracterizar o substantivo **banho** no último quadrinho? Que nome recebe esse termo?

_____

_____

d. Marque um **X** na alternativa que indica a forma como o humor foi construído nessa tirinha.

◯ O humor surge por meio da conclusão a que Cascão chegou ao afirmar que um banho diário faz muito bem para a saúde.

◯ O humor é criado porque Cascão só usou a locução adjetiva **de sol** no último quadrinho para especificar o tipo de banho que tomaria.

2. Leia o trecho de uma reportagem a seguir, completando-o com os adjetivos apropriados. As opções estão entre parênteses.

[...]

A literatura de cordel chegou ao Brasil com nossos colonizadores, instalando-se na Bahia e nos demais estados do Nordeste, onde encontrou um terreno _____ (fértil/férteis). Por volta de 1750, apareceram os primeiros poetas _____ (popular/populares) que narravam sagas em versos, visto que a maioria desse povo sequer sabia ler e as histórias eram _____ (decorado/decoradas) e _____ (recitado/recitadas) nas feiras ou nas praças. Às vezes, acompanhadas por música de violas. Portanto, surgiu também no Brasil, como literatura _____ (oral/orais), característica _____ (fundamental/fundamentais) da cultura _____ (popular/populares).

Enfim, foram esses cantadores do improviso, itinerantes, os precursores da literatura de cordel escrita. E verdadeiros repórteres, pois eram eles quem divulgavam as notícias nos lugares mais _____ (longínquo/longínquos), especialmente, os acontecimentos _____ (históricos/históricas) do Brasil, narrados em verso. [...]

Folhetos de cordel à venda no Centro Luiz Gonzaga de tradições nordestinas, Rio de Janeiro, 2012.

Literatura de Cordel: poesia popular característica do Nordeste. *Uol Educação*. Disponível em: <https://educacao.uol.com.br/disciplinas/cultura-brasileira/literatura-de-cordel-1-poesia-popular-caracteristica-do-nordeste.htm>. Acesso em: 24 nov. 2017.

Lendo outro cordel

O cordel a seguir brinca com alguns ditados populares brasileiros. Será que você é capaz de identificá-los?

Ditados populares

Quando eu brinco com palavras
Com cordel, literatura
Dos ditados populares
Eu tenho desenvoltura
Água mole em pedra dura
Tanto bate até que fura.

Vou contar outro ditado
No meu verso meio louco
Atenção meu pessoal
Quero ouvir refrão de troco
Que a alegria de um pobre
Sempre dura muito pouco.

Outro dito popular
Onde afirmo o que sei
Sendo na boca do povo
Todo dito já é lei
Em terra onde vive cego
Quem tem um olho é rei.

Outro dito eu bem sei
Pois o verso não atrasa
Com ditados em cordel
Para a rima eu já dou asa
Que falando em roupa suja
Essa só se lava em casa.

[...]

Outro provérbio do povo
Minha rima adianta
Pois se hoje estou bem triste
Eu atiço minha garganta
E o povo diz comigo
Quem canta os males espanta.

No mundo dos pensamentos
Uma ideia me inflama
Mas alguém é mais esperto
Leva pra si o programa
Papagaio come milho
Periquito leva a fama.

[...]

Nem só de pão vive o homem
É um ditado que rende
Os gostos não se discutem
Esse aqui o povo entende
Os últimos serão os primeiros
Só perguntar não ofende.

E vocês, caros ouvintes
Lembram-se de outro ditado?
Então o coloquem em verso
Mas que seja bem rimado
Sejam brincalhões também
Desse cordel encantado.

Ditados populares, de César Obeid. Em: *Minhas rimas de cordel*. 2. ed. São Paulo: Moderna, 2015. p. 18-20; 28-29.

Esse cordel foi publicado no livro *Minhas rimas de cordel*. Nessa obra, o autor paulistano César Obeid apresenta histórias divertidas contadas por meio de brincadeiras, como "O que é, o que é?", e ditados populares brasileiros. Além de poeta, César Obeid é palestrante, comunicador na área de Arte e um grande contador de histórias.

Capa do livro *Minhas rimas de cordel*, de César Obeid.

Lendo com expressividade

Vamos ler o cordel "Ditados populares" em voz alta? Leiam-no prestando atenção ao ritmo e às rimas do poema para que a leitura seja ritmada e expressiva.

Estudando o texto

1. De que trata o cordel que você acabou de ler?

2. Identifique, no cordel, os ditados populares e sublinhe-os.

3. Em uma narrativa, quem narra os fatos é o narrador. Em poemas, a voz que fala é o **eu poético**. Há dois momentos em que o eu poético se dirige diretamente aos leitores. Que termos ele usa para isso?

_____

_____

_____

4. Sobre os versos e rimas desse cordel, responda às questões a seguir.

   a. Quantos versos há em cada estrofe? ◯

   b. Quais versos sempre rimam entre si em cada estrofe?

_____

5. Observe a ilustração abaixo e marque um **X** nas alternativas que apresentam os ditados populares que poderiam ser representados por elas.

◯ Seguro morreu de velho.

◯ Papagaio come milho, periquito leva a fama.

◯ Quem canta os males espanta.

◯ Água mole em pedra dura tanto bate até que fura.

6. Releia a primeira estrofe do cordel.

> Quando eu brinco com palavras
> Com cordel, literatura
> Dos ditados populares
> Eu tenho desenvoltura
> Água mole em pedra dura
> Tanto bate até que fura.

a. O que o eu poético quis dizer quando afirma que tem desenvoltura?
_____
_____

b. Os ditados populares são transmitidos oralmente de geração em geração. Em sua opinião, por que esse foi o principal recurso utilizado pelo autor para compor esse cordel?
_____
_____
_____

7. Releia um trecho da segunda estrofe.

> Vou contar outro ditado
> No meu verso meio louco
> Atenção meu pessoal
> Quero ouvir refrão de troco

Assinale **V** para o que for verdadeiro e **F** para o que for falso.

( ) O eu poético busca arrecadar dinheiro ao pedir atenção.

( ) O eu poético solicita a participação do público em seu cordel.

( ) O eu poético chama o público para ajudá-lo com dinheiro.

( ) O eu poético busca envolver o público em sua poesia.

8. Em vários trechos do cordel o termo **dito** se repete. Veja alguns exemplos.

> Outro **dito** popular
> Onde afirmo o que sei

> Todo **dito** já é lei

> Outro **dito** eu bem sei
> Pois o verso não se atrasa

a. Pesquise no dicionário a palavra **dito** e escreva o significado que ela tem nos versos acima.

_____

_____

b. Marque um **X** na alternativa que apresenta o efeito de sentido que essa repetição causa no cordel.

◯ Ajuda na estruturação das rimas.

◯ Reforça a ideia transmitida com os ditados populares.

9. Que semelhanças há entre os dois cordéis lidos nesta unidade?

_____

_____

_____

_____

_____

Vamos valorizar

A literatura de cordel é uma das artes mais marcantes da nossa cultura. Apreciá-la é valorizar não só a nossa poesia, mas também os nossos artistas populares.

Como se escreve?

Palavras terminadas em -agem

1. Leia a frase seguir.

Cães da raça dálmata têm a **pelagem** curta.

a. O substantivo **pelagem** é formado a partir de que palavra?

◯ Pelo. ◯ Pele. ◯ Polegar.

b. A letra **g** no substantivo **pelagem** tem som de:

◯ g, como em **goleiro**. ◯ j, como em **janela**.

A letra **g** em substantivos terminados em **-agem** tem som de **j**.

2. Agora analise estas palavras:

passagem ⟶ passageiro

paisagem ⟶ paisagista

a. A letra **g** foi empregada nas quatro palavras que você leu?

◯ Sim. ◯ Não.

b. Quais vogais aparecem após a letra **g** nessas palavras?

_____

Nas palavras derivadas de substantivos que terminam em **-agem**, a letra **g** se mantém se for seguida das vogais **e** e **i**.

Pratique e aprenda

1. Escreva uma palavra derivada para cada palavra abaixo. Veja um modelo.

> passar - passagem

- **a.** barrar - _____
- **b.** colar - _____
- **c.** contar - _____
- **d.** dublar - _____
- **e.** reciclar - _____
- **f.** dosar - _____

2. Complete as frases com palavras formadas a partir das palavras entre parênteses.

> **Dica** Todas as palavras que você escrever devem ter som de j.

- **a.** Encontrei uma _____ mais barata. (hospedar)
- **b.** Marcelo fez uma _____ na internet. (postar)
- **c.** Os turistas viram um animal _____. (selva)
- **d.** Nossa _____ por Bauru será rápida. (passar)
- **e.** A _____ prejudicou a plantação de milho. (estiar)
- **f.** Saiu uma pesquisa sobre a _____ das abelhas. (língua)

3. Escreva uma palavra derivada de cada palavra abaixo. Veja um exemplo.

> passagem - passageiro

- **a.** mensagem: _____
- **b.** viagem: _____
- **c.** bagagem: _____

Palavras terminadas em -eza

1. Observe a cena a seguir.

VOCÊ ESTAVA **CERTO** QUANDO DISSE QUE IRÍAMOS GANHAR.

SIM, EU TINHA **CERTEZA** DESDE O INÍCIO DO JOGO.

Qual das palavras destacadas é um adjetivo e qual é um substantivo?

_____
_____
_____

Os substantivos formados a partir de adjetivos são escritos com a terminação **-eza**, como **puro** – **pureza**; **claro** – **clareza**; **rico** – **riqueza**.

Palavras terminadas em -oso e -osa

1. Leia a manchete a seguir.

Final de semana deve ser chuvoso em Ouro Fino

Final de semana deve ser chuvoso em Ouro Fino. *Observatório de Ouro Fino.* Disponível em: <https://observatoriodeourofino.com.br/2019/11/08/final-de-semana-deve-ser-chuvoso-em-ouro-fino/>. Acesso em: 6 mar. 2020.

a. A palavra **chuvoso** foi formada a partir de qual palavra?

_____

b. O som da letra **s** na palavra **chuvoso** é de:

◯ s. ◯ z.

c. Reescreva a manchete, substituindo o termo **final de semana** por **tarde**.

_____

A letra **s** em palavras terminadas em **-oso** e **-osa** tem som de **z**.

Pratique e aprenda

1. Observe a capa do livro ao lado e responda às questões.

   a. De acordo com o título e as imagens da capa, sobre o que você imagina que esse livro trata?

   _____
   _____
   _____

   b. A palavra **boniteza** é formada a partir de qual palavra?

   _____
   _____

   Capa do livro *Boniteza silvestre*, de Lalau e Laurabeatriz.

   c. Seguindo o mesmo processo de formação da palavra **boniteza**, forme substantivos a partir dos adjetivos a seguir.

   belo: _____   grande: _____

   frio: _____   certo: _____

   firme: _____   nobre: _____

   puro: _____   esperto: _____

2. Complete os títulos de histórias abaixo, formando palavras derivadas das palavras indicadas entre parênteses.

   a. "A lenda do _____" (preguiça)

   b. "A _____ máquina de amigos" (fábula)

   c. "Que mundo _____!" (maravilha)

   d. "O _____ fidalgo Dom Quixote de la Mancha" (engenho)

   e. "A ilha _____" (mistério)

Produção escrita

Produzir um cordel

Agora, você vai se juntar a dois ou três colegas para escrever um cordel e, ao final, recitá-lo para a turma. Depois, a turma organizará um varal de cordéis para expor essa produção na escola.

Planejem

- Escolham um tema, que pode ser:

  - algo relacionado à cultura brasileira
  - um fato do dia a dia
  - algo próprio da região onde moram
  - uma personalidade da cidade onde moram

Os *sites* sugeridos a seguir podem trazer ideias interessantes.

Aprenda mais!

Os *sites* da Academia Brasileira de Literatura de Cordel e da Casa Rui Barbosa apresentam um vasto acervo de cordéis. Além disso, vocês podem conhecer mais sobre rimas, métricas, ilustrações e autores desse gênero.

<www.casaruibarbosa.gov.br/cordel/>
Acesso em: 6 mar. 2020.

<www.ablc.com.br>
Acesso em: 6 mar. 2020

- Definam se o cordel contará uma história ou se será livre.
- Determinem a quantidade de estrofes (cada estrofe deve ter seis versos).
- As rimas devem ocorrer no segundo, no quarto e no sexto versos. Vejam um modelo.

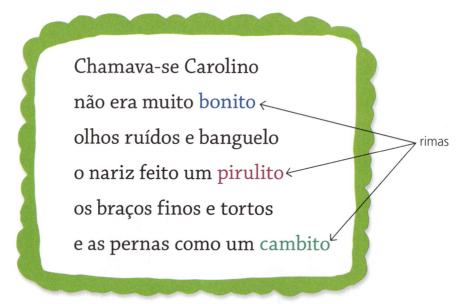

Chamava-se Carolino
não era muito bonito
olhos ruídos e banguelo
o nariz feito um pirulito
os braços finos e tortos
e as pernas como um cambito

rimas

- Criem um título para o cordel.

Escrevam

- Nos cordéis, é possível usar uma linguagem mais descontraída.
- Registrem o título do cordel e depois, as estrofes.
- Utilizem adjetivos e locuções adjetivas para caracterizar personagens, lugares, objetos etc.

Revisem

Verifiquem se o cordel:

- contém estrofes com seis versos;
- apresenta rimas no segundo, no quarto e no sexto versos;
- recebeu um título adequado ao tema;
- tem uma linguagem descontraída.

Reescrevam

Reescrevam o cordel, corrigindo ou adequando o que for necessário e o passem a limpo.

Apresentem

Definam como será feita a leitura para a turma. Lembrem-se de fazer uma leitura expressiva, ressaltando as rimas e o ritmo dos versos.

Respeitem a vez de os colegas se apresentarem. Durante a apresentação, observem como os grupos escreveram os cordéis, identifiquem as rimas e verifiquem se a entonação durante a leitura foi adequada.

Para fazer juntos!

Folheto de cordel

Chegou a hora de divulgar a produção da turma! Os grupos deverão criar uma capa, com ilustração, nome dos autores e o título do cordel em formato de folheto. Se for possível, os textos podem ser digitados e impressos.

Organizem o varal de cordéis, e depois é só convidar a comunidade escolar para conhecer as produções.

Avaliem

	Sim	Não
Trabalhamos bem em grupo?		
Escrevemos o cordel conforme as características do gênero?		
Respeitamos os outros grupos e fizemos uma leitura expressiva?		

> **Que curioso!**
>
> ### A mulher na literatura de cordel
>
> Na década de 1930, Maria das Neves Batista Pimentel foi a primeira mulher a se aventurar na produção de folhetos. Por causa dos preconceitos da época, precisou usar um pseudônimo, uma espécie de nome artístico. Assinava os folhetos que produzia como Altino Alagoano. Posteriormente, Cora Coralina, em 1970, lançou a obra *Meu livro de cordel*, provocando uma importante mudança no cenário da literatura de cordel. A partir disso, outras mulheres foram encorajadas a ser cordelistas. Começaram, então, a surgir outros nomes femininos estampados nos folhetos.
>
> Atualmente, a mulher ainda tem uma participação pequena no cordel comparada à do homem, mas vem ganhando cada vez mais lugar.
>
>
>
> Cora Coralina, uma das primeiras autoras de literatura de cordel. Foto de 1985.

Ponto de chegada

Chegou o momento de verificar os conteúdos estudados nesta unidade. Façam uma roda de conversa e discutam as questões a seguir.

1. O que vocês estudaram sobre o gênero cordel?
2. Em que versos geralmente ocorrem as rimas em um cordel?
3. Que importância tem o adjetivo para o texto?
4. Qual é a diferença entre um adjetivo e uma locução adjetiva?
5. De acordo com o conteúdo ortográfico estudado, qual é a importância de prestar atenção à escrita das palavras?

unidade

3 Convivendo com as diferenças

Irma, como *Primeira bailarina*, foto de Soela Zani, inspirada na obra de Edgar Degas.

Primeira bailarina, de Edgar Degas. Tinta pastel sobre papel, 58 cm × 42 cm. Cerca de 1878.

Ponto de partida

1. O que a imagem maior está retratando?

2. Qual é a relação da imagem maior com a imagem apresentada em destaque?

3. Essa imagem faz parte da série *Todo ser humano é uma obra de arte*. O que você achou da iniciativa da fotógrafa que a produziu?

Lendo um texto de divulgação científica

Você sabia que, para a ciência, as pessoas são praticamente iguais? Leia o texto a seguir e conheça a explicação para isso.

Somos todos igualmente diferentes

A genética mostra que ninguém é melhor que ninguém!

No planeta inteiro, há mais de 7 bilhões de pessoas, e cada uma delas é um ser único no mundo. Basta olhar ao redor para perceber as diferenças, seja no temperamento, nas atitudes, na religião, no gênero, na etnia, nas características físicas, nas habilidades, nos conhecimentos e nas culturas. Por alguma razão, esses elementos fazem mais diferença do que deveriam fazer, não é, mesmo?

Se olharmos para a história do Brasil, já conseguimos perceber algumas coisas. Aliás, somos resultado dos índios que viviam aqui, dos colonizadores portugueses que chegaram por volta dos anos 1500, e dos africanos trazidos como escravos. Além deles, há os imigrantes, que foram chegando com o decorrer dos anos. Só por aí já dá para perceber que somos um povo bem misturado, mas que compartilha traços em comum. Você já se perguntou sobre o que nos faz ser diferentes ou semelhantes um dos outros?

Em primeiro lugar, todos temos um DNA – uma sigla para uma palavra bem complicada: ácido desoxirribonucleico. Duvido que você consiga pronunciá-la rapidinho! Esse DNA contém as instruções genéticas que coordenam o desenvolvimento e o funcionamento de todos os seres vivos. Por meio dele, é possível saber mais sobre a natureza humana, compreender as doenças, a descendência e outro tantão de dados. É como se fosse um livro com mais de 3 bilhões de letras e muitas informações sobre o corpo humano.

Em Minas Gerais, um cientista estuda muito essa área, que se chama Genética. O nome dele é Sérgio Pena. Você sabia, por exemplo, que 99,5% dessas informações presentes no DNA são iguais entre as pessoas? Só 0,5% são diferentes, mas já é o bastante para garantir que cada um de nós seja único no mundo todo.

Apesar disso, ainda têm pessoas que acreditam que são melhores que as outras e usam as diferenças para tentar se justificar, por exemplo, em relação à cor da pele. O Sérgio conta que, na verdade, não existe raça: somos todos seres humanos diversos. É por isso que não é possível ter certeza se todo negro tem ascendência africana... e vice-versa.

Vamos desinventar a tristeza?

Essa diversidade está presente na sala de aula do João Pedro, de 9 anos, que nos contou que lá tem gente branca, negra, grande e pequena. Alguns usam óculos; outros, não! Ah! Existem, ainda, colegas com cabelos de tamanhos e cores diferentes. Para o João, isso não deveria fazer diferença para as pessoas. Ele acha que existe preconceito quando alguém sofre uma injustiça só porque é diferente. "As pessoas deviam ser tratadas de maneira igual", diz.

Já Rosa Allegra, também de 9 anos, comenta que alguns de seus colegas ficam fazendo brincadeiras de mau gosto. "Às vezes, as pessoas reparam e humilham as pessoas. Eu não ligo para a aparência dos outros. Eu nem reparo nisso. Tem gente que fica magoada com essas palavras que saem da boca das pessoas que não gostam das outras", comenta.

O Sérgio Pena sugere uma coisa: "Por que não fazer apologia da diferença? Que chato seria se fôssemos todos iguais". Quando perguntei isso à Rosa, ela comentou sobre o quanto as pessoas ainda costumam ver as diferenças como algo ruim, e lembrou do Cebolinha, que costuma chamar a Mônica de "gordinha, baixinha e dentuça" nas histórias em quadrinhos do Mauricio de Sousa. "Tem gente que é diferente, sofre humilhação e fica triste. As pessoas tinham que mudar as atitudes", acrescenta Rosa.

Aliás, se a Genética nos mostra que temos muito mais semelhanças do que diferenças, mas todos somos um evento único no mundo, podemos valorizar o que nos diferencia e aceitar os outros como eles são. Assim, o mundo ficaria mais colorido.

Na canção "Apesar de você", do músico Chico Buarque, a letra diz: "Você que inventou a tristeza, / Ora, tenha a fineza / De desinventar...". Pensando nisso, que tal desinventar o racismo, o preconceito e a mania de tentar seguir um padrão que, na verdade, nem existe?

Somos todos igualmente diferentes, de Roberta Nunes. *Minas Faz Ciência Infantil*, 5 dez. 2016. Disponível em: <http://infantil.minasfazciencia.com.br/2016/12/05/somos-todos-igualmente-diferentes/>. Acesso em: 22 ago. 2019.

Vamos nos unir

As nossas diferenças são muito pequenas para nos separar. Podemos ser melhores e mais fortes quando estamos unidos. E união não combina com conflitos.

O texto que você leu foi publicado no *site Minas Faz Ciência Infantil*, um portal de notícias sobre ciência, tecnologia e inovação. Por ele, é possível ficar sabendo de novidades, debates e curiosidades sobre essas áreas.

Página inicial do *site* da revista *Minas Faz Ciência Infantil*.

Estudando o texto

1. Qual é o assunto, a ideia central, desse texto?

2. O título do texto apresenta duas palavras que expressam ideias opostas entre si: **igualmente** e **diferentes**.

   a. O que essa combinação pode despertar no leitor?

   _____
   _____

   b. Que informação sobre o DNA comprova que somos "igualmente diferentes"?

   ○ 99,5% das informações presentes no DNA do indivíduo são iguais, ele precisa ter mais de 5% diferentes para garantir que seja único.

   ○ 99,5% das informações presentes no DNA do indivíduo são iguais e apenas 0,5% é diferente, mas isso garante que ele seja único.

3. Como o texto explica a diversidade de pessoas que existe no Brasil?

   _____
   _____
   _____
   _____

4. Marque um **X** no nome de dois problemas sociais que o texto apresenta.

◯ Fome.

◯ Falta de educação.

◯ Poluição ambiental.

◯ Racismo.

◯ Preconceito.

5. O texto apresenta o nome de um cientista que estuda Genética.

a. De quem se trata?

_____

b. Em sua opinião, é importante um texto como esse conter informações fornecidas por um cientista e a opinião dele sobre o assunto? Por quê?

_____

_____

_____

_____

6. Relacione o nome das pessoas à opinião delas sobre o assunto.

A João Pedro   **B** Rosa Allegra   **C** Sérgio Pena

◯ "Tem gente que é diferente, sofre humilhação e fica triste. As pessoas tinham que mudar as atitudes".

◯ "Por que não elogiar a diferença? Que chato seria se fôssemos todos iguais".

◯ "As pessoas deviam ser tratadas de maneira igual".

• Por que foram usadas aspas nesses trechos?

_____

_____

7. Esse texto apresenta um intertítulo.

   a. Identifique-o e sublinhe-o.

   b. Esse intertítulo faz referência a quê?

   _____

   _____

   _____

   c. A palavra **desinventar** é formada pelo prefixo **des-** mais o verbo **inventar**. Que sentido esse prefixo acrescenta a esse verbo?

   ( ) Sentido contrário.   ( ) Sentido semelhante.

8. Releia o trecho abaixo.

> Em primeiro lugar, todos temos um DNA – uma sigla para uma palavra bem complicada: ácido desoxirribonucleico. Duvido que você consiga pronunciá-**la** rapidinho!

- Sublinhe no trecho o termo a que a palavra em destaque se refere.

9. Releia este outro trecho do texto.

> É por isso que não é possível ter certeza se todo negro tem ascendência africana... e **vice-versa**.

O que o termo em destaque significa nesse trecho?

_____

_____

_____

10. Qual é o público-alvo desse texto? Justifique sua resposta.

_____

_____

Estudando a língua

Artigo

1. Observe a cena a seguir.

HOJE A PROFESSORA LEU **UM** TEXTO MUITO LEGAL DE CURIOSIDADE CIENTÍFICA.

OS ALUNOS FICARAM EMPOLGADOS COM **O** TEXTO?

a. Em qual fala a palavra em destaque atribui ao substantivo **texto** a ideia de um elemento determinado, específico?

_____
_____

b. Em qual fala a palavra destacada atribui ao substantivo **texto** a ideia de um elemento qualquer, indefinido?

_____
_____

c. Reescreva as falas substituindo o substantivo **texto** por **matéria**, fazendo as alterações necessárias.

_____
_____
_____
_____

As palavras **um** e **os** empregadas nas falas dos personagens acima são **artigos**.

Artigo é a palavra que empregamos antes do substantivo para defini-lo ou indefini-lo. Ele é empregado antes do substantivo e concorda com o substantivo em gênero (masculino ou feminino) e número (singular ou plural).

Os artigos que especificam o substantivo são os **artigos definidos**: **o, a, os, as**, como em "**o** texto".

Os artigos que indefinem o substantivo são os **artigos indefinidos**: **um, uma, uns, umas**, como em: "**um** texto".

Pratique e aprenda

1. Leia a tirinha a seguir e responda às questões.

Minduim, de Charles Schulz. *O Estado de S. Paulo*, São Paulo. 21 jun. 2005. Caderno 2. p. 6.

a. O que a expressão de cada um dos personagens demonstra na última cena?

_____

_____

_____

b. No último quadrinho, Snoopy corrige Sally em pensamento. Que correção ele faz?

_____

_____

_____

c. Explique a diferença entre as expressões "um cachorro" e "o cachorro".

_____
_____
_____
_____

d. Por que os artigos **um** e **o** foram empregados no masculino e no singular?

_____
_____
_____
_____

2. Leia o poema a seguir e responda às questões.

O sonho de cada um

A mosca azul
queria porque queria
ter nascido borboleta.

A borboleta
queria porque queria
ser uma águia dourada.

A águia dourada
queria porque queria
parecer com a mosca azul.

E o jardineiro,
que gostava muito
da mosca azul,
da borboleta
e da águia dourada,
queria porque queria
cuidar bem de todas elas.

O sonho de cada um, de Kalunga. Em: *Quero-quero*. Ilustrações originais de Simone Matias. São Paulo: FTD, 2009. p. 15.

a. Pinte de **verde** o sentimento dos bichos e de **azul** o sentimento do jardineiro.

☐ Insatisfação.   ☐ Medo.

☐ Alegria.   ☐ Amor.

b. Qual artigo foi empregado antes dos substantivos **mosca** e **borboleta**?

_____

c. Em que gênero e número esse artigo está? Explique por quê.

_____

_____

_____

d. Na última estrofe, qual artigo foi empregado antes de **jardineiro**?

_____

e. O que aconteceria com o artigo **o** se o substantivo **jardineiro** estivesse no plural?

_____

_____

3. Recorte uma manchete de jornal ou revista que contenha um artigo. Depois cole-a no espaço abaixo e destaque o artigo.

Lendo um trecho de romance

Auggie Pullman tem uma síndrome genética que causa deformidade facial. Apesar de se sentir como uma pessoa comum, ele não é tratado assim por onde passa. Vamos conhecer um pouco da vida desse personagem?

Extraordinário

[...]

Sei que não sou um garoto de dez anos comum. Quer dizer, é claro que faço coisas comuns. Tomo sorvete. Ando de bicicleta. Jogo bola. Tenho um Xbox. Essas coisas me fazem ser comum. Por dentro. Mas sei que as crianças comuns não fazem outras crianças comuns saírem correndo e gritando do parquinho. Sei que os outros não ficam encarando as crianças comuns aonde quer que elas vão.

Se eu encontrasse uma lâmpada mágica e pudesse fazer um desejo, pediria para ter um rosto comum, em que ninguém nunca prestasse atenção. Pediria para poder andar na rua sem que as pessoas me vissem e depois fingissem olhar para o lado. Sabe o que eu acho? A única razão de eu não ser comum é que ninguém além de mim me enxerga dessa forma.

[...]

As imagens e os textos presentes nesta coleção apresentam finalidade didática, sem objetivo de promover qualquer tipo de produto ou empresa.

Na semana que vem vou começar o quinto ano. Como nunca estudei em um colégio de verdade, meio que estou total e completamente apavorado. As pessoas acham que não fui à escola por causa da minha aparência, mas não é isso. É por causa de todas as vezes em que fui operado. Vinte e sete desde que nasci. As mais importantes aconteceram antes de eu ter quatro anos, por isso não lembro. Mas desde então passei por duas ou três cirurgias a cada ano (algumas grandes, outras menores), e, como sou pequeno para a minha idade e tenho outros problemas misteriosos que os médicos nunca conseguiram entender, eu ficava doente o tempo todo. Foi por isso que meus pais decidiram que seria melhor eu não ir para a escola. Mas estou bem mais forte agora. Minha última cirurgia foi oito meses atrás e provavelmente não precisarei de outra pelos próximos anos.

A mamãe me dá aulas em casa. Ela era ilustradora de livros infantis e desenha fadas e sereias lindas. Uma vez tentou desenhar um Darth Vader pra mim, mas ficou parecendo um robô estranho com formato de cogumelo. Há muito tempo não a vejo desenhar nada. Acho que está ocupada demais cuidando de mim e da Via.

Não posso dizer que eu sempre quis ir à escola, porque isso não seria exatamente verdade. Eu queria ir, mas só se pudesse ser como todas as outras crianças. Ter muitos amigos, sair depois da aula, coisas desse tipo.

Tenho alguns amigos de verdade agora. O Christopher é meu melhor amigo, e depois vem o Zachary e o Alex. A gente se conhece desde bebês. E, como eles já me conheceram como sou, estão acostumados. Quando a gente era pequeno, brincava junto o tempo todo, mas depois o Christopher se mudou para Bridgeport, em Connecticut. Fica a mais de uma hora de onde eu moro, em North River Heights, na ponta de cima de Manhattan. E o Zachary e o Alex começaram a ir à escola. É estranho: embora o Christopher tenha se mudado para longe, ainda o vejo mais do que vejo o Zachary e o Alex. Eles têm um monte de amigos novos agora. Mas quando nos esbarramos na rua eles ainda são legais comigo e sempre dizem oi.

[...]

Extraordinário, de R. J. Palacio. Tradução de Rachel Agavino. Rio de Janeiro: Intrínseca, 2013. p. 11-13.

Manhattan: bairro da cidade de Nova Iorque, nos Estados Unidos

O texto que você leu é um trecho do romance *Extraordinário*, de R. J. Palacio, traduzido para a língua portuguesa por Rachel Agavino.

Alguns romances são baseados em histórias reais e *Extraordinário* é um desses casos. Além disso, em 2017, o livro ganhou uma adaptação para o cinema.

Capa do livro *Extraordinário*, de R. J. Palacio.

Estudando o texto

1. Quais sensações a leitura desse texto despertou em você?

2. Consulte um dicionário e explique a relação entre o título do romance e os acontecimentos que você leu nesse trecho.

3. Marque um **X** na alternativa que explica corretamente o tipo de narrador desse romance.

   ◯ Narrador-observador, pois sabe dos fatos, mas não participa deles.

   ◯ Narrador-personagem, pois sabe dos fatos e participa deles.

   - Agora, copie um trecho do texto que justifique sua resposta.

   _____
   _____
   _____

4. Releia o seguinte trecho do romance e responda às questões.

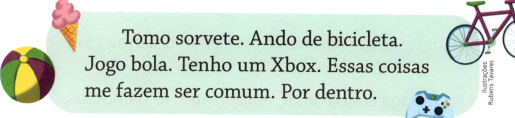

Tomo sorvete. Ando de bicicleta. Jogo bola. Tenho um Xbox. Essas coisas me fazem ser comum. Por dentro.

a. Por que, na opinião de Auggie, essas ações o tornam uma pessoa comum por dentro?

   _____
   _____
   _____

b. Além dessas atividades, em sua opinião, o que mais faz uma pessoa ser comum?

   _____
   _____

5. Em sua opinião, o menino tinha motivos para ter medo de ir à escola? Justifique sua resposta.

_____

_____

_____

_____

6. Releia o trecho a seguir e responda às questões.

> Sabe o que eu acho? A única razão de eu não ser comum é que ninguém além de mim me enxerga dessa forma.

Ilustrações: Rubens Tavares

a. A quem o personagem faz a pergunta no início desse trecho?

_____

b. Que efeito de sentido essa pergunta produz entre o leitor e o texto?

○ Ela testa os conhecimentos do leitor, distanciando-o da história.

○ Ela dialoga com o leitor, aproximando-o da história.

c. A forma como Auggie se sente é a mesma como as demais pessoas o veem? Explique.

_____

_____

_____

7. Auggie afirma que tem alguns amigos de verdade. Em sua opinião, qual a importância de termos amigos?

_____

_____

8. Releia o trecho abaixo e marque um **X** na alternativa correta sobre o termo em destaque.

Como nunca estudei em um colégio de verdade, **meio que** estou total e completamente apavorado.

◯ O termo em destaque demonstra incerteza e pode ser substituído por **acho que**.

◯ O termo em destaque foi utilizado com sentido de contradição e pode ser substituído por **mas**.

9. Leia as informações abaixo e escreva **V** para as verdadeiras e **F** para as falsas a respeito do texto lido.

◯ É escrito em prosa, com fatos em sequência.

◯ O personagem principal quase não aparece na narrativa.

◯ É escrito com o objetivo principal de defender uma opinião.

◯ Os personagens podem viver situações dramáticas.

◯ Pode apresentar fatos próximos da realidade, mesmo assim os acontecimentos pertencem à ficção.

Trocando ideias

1. Olhe para seus colegas e responda: vocês são todos iguais? Comente o que é possível notar nas pessoas ao seu redor.

2. Tente se lembrar de outra história ou de uma situação que se relaciona ao tema desse romance e comente-a com os colegas.

3. Existe um ditado popular que diz: "Nunca julgue um livro pela capa.". Que relação ele tem com esse romance?

Por dentro do tema

Agressão não é brincadeira!

Sabe aquelas brincadeirinhas de mau gosto? E aquele apelido irritante inspirado em alguma parte do corpo, no modo de se vestir ou no jeito de andar? E quando alguém é injustamente excluído da brincadeira ou sofre constantes agressões, como empurrões e chutes? Já ouviu alguém justificando que fez tudo isso "brincando"?

Isso não é brincadeira! É agressão! E agressões são atos pensados, elaborados e praticados, frutos de preconceitos. Por isso, toda vez que você sofrer com esse tipo de situação ou vir alguém sendo alvo disso, procure uma pessoa de sua confiança e denuncie sem medo.

Ninguém é igual a ninguém, e a beleza do mundo está justamente nisso!

Fotomontagem de Rogério C. Rocha. Fotos: gece33, OlgaYakovenko, WhiteBarbie/iStock/Getty Images

a. Você já sofreu algum tipo de preconceito ou conhece alguém que sofreu? Converse com os colegas sobre essa experiência.

b. Em sua opinião, por que as pessoas têm medo de denunciar esse tipo de situação?

c. Qual é a importância do respeito às diferenças?

Como se escreve?

Som de s

1. Observe a imagem a seguir. Escreva o nome dela e leia-o em voz alta.

_____

2. Agora, leia em voz alta as palavras a seguir.

dinossauro	posto	adolescente
feliz	excelente	cidade
cabeça	máximo	desça

a. Circule as letras que têm o mesmo som que a letra **s** na palavra que você escreveu na atividade **1**.

b. Que letras podem representar o mesmo som que a letra **s** na palavra da atividade **1**?

_____

_____

O som de **s** (fonema /s/) pode ser representado pelas letras **s**, **ss**, **c**, **sc**, **ç**, **sç**, **x**, **xc** e **z**.

Oitenta e cinco **85**

Pratique e aprenda

1. Leia as palavras dos quadros abaixo.

A: poste, mensagem, apostila

B: massa, tosse, passo

Os dois grupos de palavras apresentam som de **s**. Por que no grupo **B** as palavras precisam ser escritas com **ss** para representar esse som?

_____

_____

2. Agora, veja as palavras dos grupos a seguir.

A: cenoura, palácio, ácido

B: criança, poço, açude

a. Quais vogais aparecem após a letra **c** e quais vogais aparecem após a letra **ç**?

_____

b. Por que as palavras do grupo **B** foram escritas com **ç**?

_____

_____

3. Escreva os nomes das imagens a seguir.

_____   _____   _____

4. Destaque os **adesivos** da página **255** e cole-os nos espaços adequados. Em seguida, escreva o nome de cada uma das imagens.

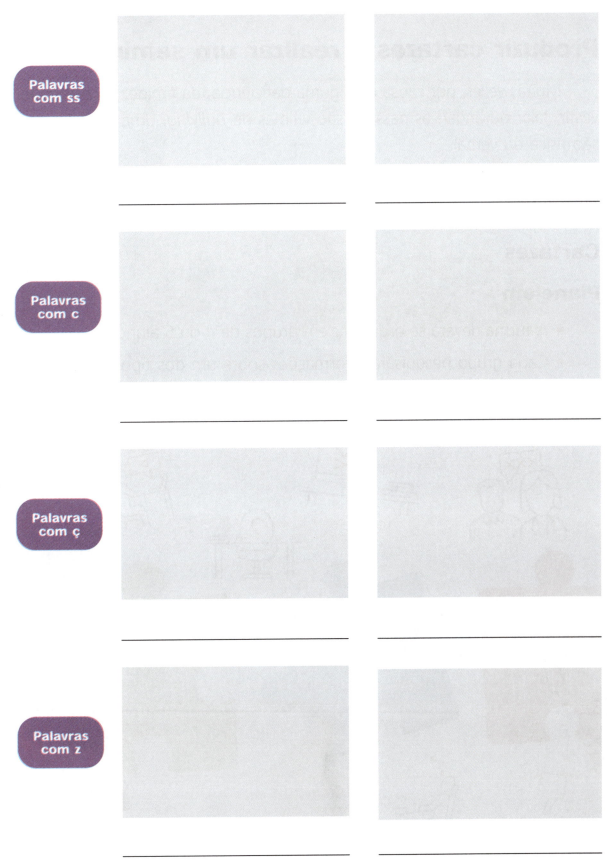

Oitenta e sete **87**

Produção oral e escrita

Produzir cartazes e realizar um seminário

Muitas vezes, por causa de alguma deficiência, da timidez ou do modo de se vestir, falar ou andar, as pessoas são vítimas de *bullying*, uma situação de agressão física ou verbal.

Que tal entender melhor esse assunto? Para isso, vocês vão produzir cartazes e apresentar um seminário sobre alguns tipos de *bullying*.

Cartazes

Planejem

- A turma deverá se organizar em grupos de 4 ou 5 alunos.
- Cada grupo pesquisará informações sobre um dos tipos de bullying apresentados a seguir.

- Pesquisem informações sobre o tema escolhido em livros, revistas, enciclopédias ou na internet.

Aprenda mais!

A sugestão abaixo pode ajudar vocês na pesquisa sobre esse tema.

Como forma de promover a tolerância e o respeito, a coleção *Era uma vez o bullying* apresenta histórias de personagens que vivenciaram algum tipo de agressão por serem "diferentes".

Coleção *Era uma vez o bullying*, de vários autores. Rio de Janeiro: Garamond, 2012.

- Pesquisem também imagens, gráficos ou tabelas que ilustrem as informações coletadas.

Escrevam

- Organizem em tópicos as informações pesquisadas.
- Elaborem, a partir desses dados, uma primeira versão dos cartazes, pensando no espaço para as imagens, gráficos ou tabelas pesquisados.

Revisem

Verifiquem se:

- as informações levantadas na pesquisa estão organizadas em tópicos ou em textos curtos;
- há concordância entre os artigos e os substantivos e se as palavras com som de **s** foram escritas corretamente;
- as imagens, gráficos ou tabelas escolhidos ilustram as informações que vocês vão apresentar no seminário.

Reescrevam

Reescrevam as informações produzidas, corrigindo ou adequando o que for necessário e produzam os cartazes a fim de direcionar o seminário de vocês.

Seminário

Planejem

O seminário de vocês pode ser dividido da seguinte forma:

Abertura: um dos integrantes cumprimenta a turma e apresenta o tema do seminário, sobre qual tipo de *bullying* o grupo falará.

Introdução: um dos integrantes explica em quais livros, revistas ou *sites* as informações foram pesquisadas e fala um pouco sobre a importância do tema em questão.

Desenvolvimento: os integrantes apresentam com detalhes as informações sobre o tipo de *bullying* pesquisado pelo grupo.

Conclusão: um dos integrantes finaliza a apresentação com a conclusão do grupo sobre o tema.

- Ensaiem a apresentação algumas vezes. Utilizem o registro formal da língua, falem com clareza e empreguem um tom de voz adequado.
- As informações dos cartazes servem apenas de apoio para que vocês não se percam na hora de falar o que pesquisaram, por isso evitem lê-las durante a apresentação.

Realizem

Decidam entre vocês e verifiquem a ordem em que os integrantes do grupo falarão durante a apresentação.

Posicionem-se de frente para os colegas e falem tranquilamente. No final, abram um espaço para que eles possam tirar dúvidas sobre as informações que ouviram ou fazer comentários.

Quando os outros grupos se apresentarem, prestem atenção e, no final, façam as perguntas que desejarem sobre os temas.

Avaliem

	Sim	Não
Fizemos uma pesquisa adequada sobre o tema proposto?		
Selecionamos as informações mais relevantes e as organizamos em tópicos nos cartazes?		
Inserimos nos cartazes imagens, gráficos ou tabelas?		
Dividimos nosso seminário em abertura, introdução, desenvolvimento e conclusão?		
Utilizamos um tom de voz adequado, falamos pausadamente e empregamos o registro formal?		
Contribuímos com os demais grupos fazendo perguntas ou apontamentos adequados?		

Aprenda mais!

Nesta unidade, você leu um trecho do romance *Extraordinário*, que conta a história do personagem Auggie Pullman. Essa história foi inspirada em acontecimentos reais e, em 2017, foi adaptada para o cinema pelo diretor Stephen Chbosky, que traduziu em cenas a aventura emocionante e inspiradora do menino que precisou enfrentar o olhar e o julgamento das pessoas de sua escola.

Extraordinário. Direção de Stephen Chbosky. Estados Unidos: Paris Filmes, 2017 (113 min).

Ponto de chegada

Utilize as questões a seguir para conversar com os colegas sobre as descobertas que fizeram.

1. Quais são as características de um texto de divulgação científica?
2. Cite algumas características do gênero romance.
3. O que você estudou sobre os artigos?
4. Cite palavras que têm som de **s**. Lembre-se de que outras letras também podem representar esse som.

unidade

4 No esporte, todos ganham

Futebol feminino, de Thereza Toscano. Acrílica sobre tela, 100 cm × 80 cm. 2011.

Ponto de partida

1. Considerando as cores e os traços utilizados nessa pintura, quais são as suas impressões sobre a forma como a mulher foi representada?

2. Em sua opinião, qual é a importância do esporte para a vida de quem o pratica?

Lendo um anúncio publicitário

O texto que vamos ler a seguir é um anúncio publicitário. Observando-o, qual você acha que será o assunto desse anúncio?

Vamos nos exercitar

O hábito de praticar regularmente exercícios físicos melhora nossa qualidade de vida.

Saia da rotina, de Companhia Athletica, 2015.

As imagens e os textos presentes nesta coleção apresentam finalidade didática, sem objetivo de promover qualquer tipo de produto ou empresa.

Estudando o texto

1. O que a cena da parte de baixo do anúncio apresenta? E a da parte de cima do anúncio?

2. Qual é o nome da empresa promovida por esse anúncio?

3. Esse anúncio está relacionado a uma prática esportiva.

   a. Que prática é essa?

   _____

   b. Que elemento visual comprova a sua resposta ao item **a**?

   _____
   _____
   _____

4. Releia a frase ao lado.

   a. O que é uma rotina?

   _____
   _____
   _____

   TIRE VOCÊ DA SUA PRÓPRIA ROTINA

   b. O verbo **tirar** foi empregado no anúncio com a finalidade de:

   ( ) indicar o que as pessoas fazem no dia a dia.

   ( ) ordenar ao leitor que faça algo.

   ( ) apresentar uma ação praticada no passado.

   c. O uso do verbo **tirar** e a personagem sendo retirada da cena de baixo criam no anúncio um efeito de:

   ( ) aventura.   ( ) humor.   ( ) medo.

5. Qual é o público-alvo desse anúncio?

_____

_____

_____

6. Em sua opinião, qual é o elemento do anúncio que mais atrai a atenção do leitor?

_____

_____

7. Os anúncios publicitários costumam apresentar estes elementos:

> **Logotipo** – letras ou palavras que identificam o anunciante.
>
> **Marca** ou **símbolo** – desenho que também identifica o anunciante.
>
> *Slogan* – frase geralmente curta e de fácil memorização.

Escreva abaixo de cada elemento a seguir o nome que ele recebe.

_____   _____   _____

8. Qual é a finalidade desse anúncio publicitário?

_____

_____

_____

Lá vem canção

Que tal ouvir uma canção sobre um dos esportes favoritos dos brasileiros? Ouça "É uma partida de futebol", da banda Skank, e preste atenção na letra. Depois, converse com os colegas e o professor sobre suas impressões.

Por dentro do tema

Saúde

Esporte: o companheiro para uma vida mais saudável

Você sabia que a prática de esportes pode trazer muitos benefícios para a saúde das crianças? Leia o texto a seguir e conheça alguns.

[...]

A criança que pratica exercício físico tende a ter uma melhor qualidade de sono, maior capacidade de concentração e aprendizado na escola, além de uma melhora na coordenação motora. Através da atividade física, a criança conhece melhor o seu corpo, suas limitações e suas capacidades.

[...]

Perder um jogo ou uma disputa é uma forma dos pequenos aprenderem a lidar com a frustração, ensina a ser persistente e driblar um obstáculo.

Ganhar uma competição, colocar uma medalha no peito, é motivo de orgulho e bem-estar, melhora a autoestima.

[...]

Exercício físico na infância: benefícios para a saúde física e emocional, de Juliana Loyola Presa. *Gazeta do Povo*, Curitiba, 24 ago. 2016. Palpite de Alice. Disponível em: <http://www.gazetadopovo.com.br/blogs/palpite-de-alice/exercicio-fisico-na-infancia-beneficios-para-saude-fisica-e-emocional/>. Acesso em: 5 out. 2017.

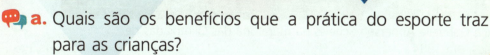

a. Quais são os benefícios que a prática do esporte traz para as crianças?

b. Você concorda com a ideia de que o esporte traz benefícios até mesmo quando perdemos nas competições? Por quê?

Estudando a língua

Pronomes

1. Leia o artigo de curiosidade a seguir.

Uma história de superação

Nos últimos 400 metros da maratona feminina dos Jogos Olímpicos de Los Angeles, em 1984, a suíça Gabrielle Andersen-Scheiss, de 39 anos, desidratada e exausta, esteve cambaleante e desequilibrada, sentindo cãibras muito fortes na perna esquerda. Ao cruzar a linha, 23 minutos após a primeira colocada, desmaiou e precisou ser amparada pela equipe médica.

Depois, ela explicou o grande desejo de finalizar a maratona, dizendo que aquela seria sua última chance em uma olimpíada. Gabrielle chegou em 37º lugar, mas foi o grande destaque e ainda hoje é reconhecida como um exemplo de espírito olímpico.

Atleta suíça Gabrielle Andersen-Scheiss na maratona das Olimpíadas de Los Angeles, em 1984.

Fonte de pesquisa: Demorou, mas chegou!, de Marcelo Duarte. Em: *O guia dos curiosos*: olimpíadas. São Paulo: Panda, 2004. p. 97.

Agora, releia um trecho do texto, observando as palavras em destaque.

> Depois, **ela** explicou o grande desejo de finalizar a maratona, dizendo que **aquela** seria **sua** última chance em uma olimpíada.

a. Que substantivo a palavra **ela** está substituindo no texto?
_____

b. A palavra **aquela** se refere a que termo citado anteriormente no texto?

◯ Linha de chegada.   ◯ Maratona.   ◯ Pista.

c. A palavra **sua** se refere a quem?
_____

2. Agora, leia uma reescrita de um trecho do texto.

> Depois, **Gabrielle** explicou o grande desejo de finalizar a maratona, dizendo que aquela seria a última chance **de Gabrielle** em uma olimpíada. **Gabrielle** chegou em 37º lugar, mas foi o grande destaque e ainda hoje é reconhecida como um exemplo de espírito olímpico.

a. O sentido do texto foi alterado com essas trocas?
_____

b. Em sua opinião, por que o autor optou por usar as palavras **ela** e **sua**?
_____
_____
_____

As palavras **ela**, **aquela** e **sua**, empregadas no texto, são classificadas como **pronomes** e foram usadas com o objetivo de retomar informações citadas anteriormente, evitando repetições desnecessárias.

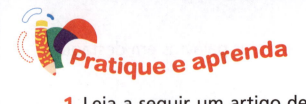

Pratique e aprenda

1. Leia a seguir um artigo de curiosidade sobre um superatleta.

A que velocidade corre o homem mais rápido do mundo?

O jamaicano Usain Bolt, considerado o homem mais rápido do mundo atualmente, corre 100 metros em 9,58 segundos. Ele atingiu esse recorde em agosto de 2009, no Campeonato Mundial de Atletismo, em Berlim. Antes disso, o recorde era também de Bolt, quando correu 100 metros em 9,69 segundos, na final olímpica em Pequim.

A que velocidade corre o homem mais rápido do mundo? de Fernanda Santos (Org.). Em: *Curiosidades Recreio*. São Paulo: Caras S.A., abr. 2011. p. 95.

Usain Bolt durante uma prova em Berlim, 2009.

a. No início do texto, é citado o nome do atleta, Usain Bolt. Depois, mais adiante, que pronome é utilizado para retomá-lo?

_____

_____

b. O texto apresenta o recorde atingido por Bolt. Para retomar essa ideia no decorrer do texto, que pronome foi utilizado?

_____

_____

c. Com base no que você estudou, com que finalidade o autor usou esses pronomes no texto?

○ Para tornar mais repetitivas as informações do texto.

○ Para caracterizar o atleta como muito veloz.

○ Para evitar repetições desnecessárias.

2. Reescreva os parágrafos abaixo usando pronomes para eliminar as repetições das palavras em destaque.

a. Os alunos foram à quadra de esportes. Lá, **os alunos** jogaram futebol, basquete e bola queimada. No fim da aula, o professor orientou **os alunos** a voltar para a sala de aula.

_____
_____
_____
_____
_____

b. A Júlia convidou a turma para seu aniversário. **A Júlia** vai comemorar nove anos e quer que todos os amigos estejam na festa **da Júlia**.

_____
_____
_____
_____
_____

3. Indique os seres a quem os pronomes pessoais em destaque se referem.

a. Levei meus pais a um restaurante novo. **Eles** adoraram a comida.

_____

b. Márcia nos convidou para o cinema. **Ela** está esperando a resposta.

_____

c. Eu e meus irmãos vamos ao parque. **Nós** vamos sair de casa depois do almoço.

_____

Lendo um relato pessoal

Como você imagina que seja o dia a dia de um atleta de rúgbi? Leia o relato a seguir e conheça um pouco da vida de um jovem jogador da Nova Zelândia.

WEBNOTÍCIAS

home política esporte educação variedades

ESPORTE

Jogador de rúgbi conta como é o seu dia a dia

A minha escola, St. Patrick's College, é uma das que têm melhor desempenho em rúgbi na Nova Zelândia. Neste ano, um dos nossos times teve uma temporada muito bem sucedida, vencendo 16 das 18 partidas do campeonato local.

Em 2018, eu tive a honra de ser escolhido para participar do time New Zealand Secondary School, que fez uma turnê pela Austrália. Eu fui vice-capitão e nós vencemos todas as partidas que disputamos.

Comecei a praticar rúgbi quando eu tinha 7 anos. Eu comecei a jogar porque meu pai me forçou, o que, no final das contas, acabou sendo algo bom. Gosto dos aspectos físicos e psicológicos do jogo. Uma pessoa pode ter muita capacidade atlética, mas se não tiver inteligência, seu ritmo de trabalho e suas decisões não terão impacto positivo no time.

Venho praticando esse esporte durante toda a última década. À medida que fui crescendo, a intensidade e as habilidades dos meus oponentes também foram crescendo. Muitos são naturalmente talentosos quando são crianças, mas acabam ficando para trás conforme outros jogadores vão se desenvolvendo.

ESPORTE

O treino envolve uma variedade de coisas, começando por habilidades básicas, como pegar, passar e atacar. Os jogadores mais avançados também fazem musculação e séries de condicionamento físico. Eu sou um membro do Wellington Rugby Academy, que ajuda a desenvolver jogadores profissionais. Eu treino até seis vezes por semana.

Atletas dos times St Patricks Silverstream e Wellington College durante uma partida na Nova Zelândia, em 2013.

Eu atuo como jogador de segunda linha e jogador de frente. Minhas maiores qualidades são defesa e correr com a bola. Gosto do confronto físico. O jogador de frente tem de ser alguém esperto, forte e com boa movimentação. Meu jogador favorito é Richie McCaw, que liderou o time All Blacks em duas vitórias de Copa do Mundo.

Meu sonho é ser um jogador profissional de rúgbi. Ter uma carreira que amo seria uma bênção, mas isso é um grande desafio, pois poucas pessoas conseguem. Tenho sorte de ter um irmão que joga profissionalmente. Ele se chama Anauru Rangi e está no Melbourne Rebels.

Jogador de rúgbi conta como é o seu dia a dia. *Jornal Joca*, São Paulo, Magia de Ler, 22 out. 2018. Esportes. Disponível em: <https://www.jornaljoca.com.br/jogador-de-rugby-conta-como-e-o-seu-dia-a-dia/>. Acesso em: 4 mar. 2020.

Estudando o texto

1. O dia a dia de um jogador de rúgbi é como você tinha imaginado antes de ler o relato?

2. Qual das características desse esporte citadas no relato você achou mais interessante? Comente.

3. Com que objetivo esse relato pessoal foi escrito?

_____

_____

4. O relato pessoal foi escrito em:

◯ primeira pessoa.

◯ terceira pessoa.

5. Onde o relato pessoal foi publicado?

◯ Livro.

◯ Revista.

◯ *Site*.

6. A quem esse texto é preferencialmente destinado? Justifique sua resposta.

_____

_____

_____

7. Em sua opinião, por que o pai do atleta o obrigou a jogar rúgbi?

_____

_____

_____

8. De acordo com Ian, no rúgbi, apenas a força física é suficiente para contribuir positivamente com o time? Justifique sua resposta.

_____

_____

9. Ian cita algumas diferenças entre o treino de jogadores mais e menos avançados.

   a. Como é o treino dos jogadores menos avançados?

_____

_____

   b. E como é o treino dos jogadores mais avançados?

_____

_____

10. Pinte o campo em que se joga rúgbi.

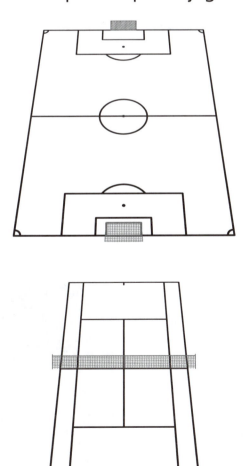
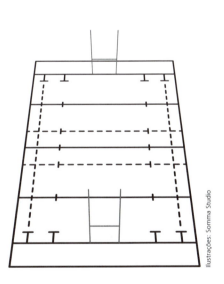

11. Pinte a bola usada no rúgbi.

12. Releia o último parágrafo do relato pessoal, observando as palavras em destaque. Depois, responda às questões.

> Meu sonho é ser um jogador profissional de rúgbi. Ter uma carreira que amo seria uma bênção, mas **isso** é um grande desafio, pois poucas pessoas conseguem. Tenho sorte de ter um irmão que joga profissionalmente. **Ele** se chama Anauru Rangi e está no Melbourne Rebels.

a. Que termo desse parágrafo o pronome **isso** está substituindo?

_____

_____

_____

b. O pronome **ele** se refere a que termo mencionado anteriormente?

◯ Sonho.   ◯ Irmão.   ◯ Desafio.

Lá vem trecho de autobiografia

Gustavo Kuerten, o Guga, foi um dos grandes nomes do tênis mundial. Conquistou diversos prêmios e importantes campeonatos. Agora, você vai conhecer como começou a relação dele com esse esporte. Ouça a leitura que o professor vai fazer.

Guga na Olimpíada de Atenas, Grécia, 2004.

Comparando textos

Leia o texto a seguir para entender melhor o rúgbi.

Rúgbi

Como jogar

Os times são formados por 15 jogadores em campo e 7 na reserva. Uma partida tem 80 minutos e é dividida em dois tempos de 40 minutos.

Por ser um esporte de muita interação física, os jogadores usam equipamentos de segurança, como ombreiras, boqueiras e capacetes.

Com as mãos, a bola só pode ser passada para os lados ou para trás. Para lançar a bola à frente, devem-se usar os pés.

O objetivo central do jogo é marcar gols. Para isso os jogadores de cada time devem cruzar a linha de fundo com a bola ou chutá-la entre as traves.

É permitido agarrar o jogador que tem a posse da bola para roubá-la. Dois ou mais jogadores podem se juntar para bloquear o adversário e tomar a bola dele.

Nesse esporte, existem o cartão amarelo, que expulsa o jogador por 10 minutos, e o cartão vermelho, que expulsa o jogador definitivamente da partida.

Vence a equipe que marcar mais pontos.

Curiosidades

O rúgbi também é praticado por mulheres, e recebeu esse nome por ter nascido na cidade de Rugby, na Inglaterra, na década de 1820. O objeto usado nesse jogo é uma bola oval. Um dos eventos mais importantes desse esporte é a Copa do Mundo de Rúgbi.

Fonte: Como se joga rugby: regras, posições e curiosidades. *Regras do Esporte*. Disponível em: <https://regrasdoesporte.com.br/como-se-joga-rugby-regras-posicoes-e-curiosidades.html>. Acesso em: 9 mar. 2020.

1. O texto lido é chamado instrucional. Qual é a função dele?

2. Em sua opinião, qual é o grau de dificuldade desse jogo: fácil, moderado ou difícil? Justifique sua resposta.

3. O texto instrucional que você leu é formado por duas partes.

   a. Escreva o nome de cada uma dessas partes.

b. Na parte **Como jogar**:

○ é listado o perfil dos jogadores de rúgbi.

○ constam as principais regras do rúgbi.

○ é explicada uma variação brasileira do rúgbi.

4. Releia a instrução a seguir.

> Com as mãos, a bola só pode ser passada para os lados ou para trás.

Qual das opções abaixo apresenta de outra forma essa mesma instrução?

○ Acredita-se que a bola deva ser passada para os lados e para trás com as mãos.

○ Com as mãos, passe a bola apenas para os lados ou para trás.

5. O que há em comum entre o anúncio publicitário da página **94**, o relato da página **102** e o texto lido nesta seção?

○ Eles apresentam atividades físicas benéficas à saúde.

○ Eles mostram atletas profissionais em competições esportivas.

6. Compare o anúncio da página **94** e esse texto instrucional. Qual deles tem a clara intenção de convencer o leitor? Explique sua resposta.

_____
_____
_____
_____

Palavras: significados e usos

A expressividade dos adjetivos

1. Leia a tirinha a seguir e veja o uso do adjetivo **feliz** feito pelo personagem Níquel Náusea.

Níquel Náusea: nem tudo que balança cai, de Fernando Gonsales. São Paulo: Devir, 2003. p. 37.

a. Descreva a felicidade que Níquel Náusea está sentindo.

b. Que termos da fala de Níquel Náusea expressam essa felicidade?

_____

_____

c. O adjetivo **felicíssimo** foi formado a partir de qual adjetivo? O que você pôde perceber na escrita dele com o acréscimo do sufixo?

_____

d. Além de **felicíssimo**, quais outras palavras foram utilizadas para evidenciar a felicidade?

_____

_____

Quando queremos destacar uma característica, expressando mais emoção, podemos acrescentar aos adjetivos os sufixos **-íssimo** ou **-íssima**, como em **felicíssimo** e **felicíssima**, ou os sufixos **-imo** ou **-ima**, como em **dificílimo** e **dificílima**, por exemplo.

2. Observe a cena a seguir e responda às questões.

a. Qual é o adjetivo presente na fala da menina?
_____

b. Se fosse usado o adjetivo **divertida**, essa fala teria o mesmo efeito de sentido? Justifique sua resposta.
_____
_____

3. Escreva as frases a seguir acrescentando a cada adjetivo em destaque um sufixo que aumente sua expressividade.

a. Marcos estava **nervoso** antes da apresentação.
_____
_____

b. Paula ficou **entusiasmada** com a notícia da viagem.
_____
_____

c. A turma ficou **triste** com o cancelamento do passeio.
_____
_____

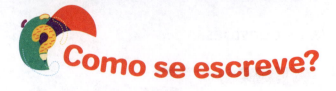

Letra h inicial

1. Leia a seguir um trecho de poema e responda às questões.

[...]
Um verdadeiro herói nunca hesita,
tem horror ao que é hostilidade,
recebe sempre as merecidas homenagens,
sem histeria, com humor e com humildade.
[...]

A letra "h", de Eugênio Britto. Em: *Ortografia é alegria com a sábia Sabiá*. Ilustrações originais de Mario Bag. São Paulo: Paulinas, 2007. p. 30 (Histórias de ontem e de hoje).

a. Escreva o feminino da palavra **herói**.
_____

b. Observe atentamente a última palavra de cada verso do poema. O que elas têm em comum?
_____

c. Sublinhe no poema todas as palavras iniciadas pela letra **h**.

d. Agora, pronuncie as palavras que você sublinhou. A maneira de pronunciar cada uma dessas palavras mudaria caso a letra **h** fosse retirada delas?
_____

e. O que é possível concluir a respeito do emprego da letra **h** no início das palavras?
_____
_____

> Na língua portuguesa, a letra **h** em início de palavras é sempre seguida de uma vogal e não representa nenhum som.

1. Veja a seguir quatro imagens de animais.

_____

_____

_____

_____

a. Escreva o nome do animal apresentado em cada imagem.

b. Contorne os animais cujos nomes começam com a letra **h**.

2. Complete com as sílabas iniciais as palavras do quadro abaixo. Em seguida, use essas palavras para completar as frases.

____morista	____pital	____nica
____bitantes	____mido	____dratante

a. Meu cabelo ainda está _____.

b. Prefiro cidade com menos _____.

c. Chamamos um _____ para animar a festa.

d. O _____ fica a cinco quilômetros daqui.

e. Este é o melhor _____ para a pele.

f. Ela é a _____ tia que tenho.

3. Leia as palavras a seguir.

haver	humorista	havia
humorada	hospitalizar	houve
hospitaleira	humorístico	hospitalização

a. Pinte de **verde** as palavras relacionadas à forma verbal **há**.

b. Pinte de **azul** as palavras relacionadas ao substantivo **humor**.

c. Pinte de **amarelo** as palavras relacionadas ao substantivo **hospital**.

4. Organize as letras e forme palavras com a letra **h** inicial.

a.
é	h	i	c	l	e
h	l				

c.
t	h	i	b	á	o
h				t	

b.
t	o	a	r	h
h			t	

d.
a	m	i	n	h	r	o	a
h			m				a

- Escreva as palavras formadas.

_____

5. Complete as palavras a seguir com as letras que faltam.

> **Dica** Algumas são escritas com h inicial e outras não.

____rtelã   ____mano   ____spelho

____relha   ____mbigo   ____licóptero

____vestruz   ____bilidade   ____dratante

Produção oral e escrita

Produzir e apresentar um texto instrucional de regras de jogo

Você e seus colegas vão pesquisar as regras de um jogo e produzir um texto instrucional escrito para ser divulgado na escola. Depois, vão apresentá-lo, gravando um vídeo para ser publicado na internet.

Planejem

- Pesquisem um jogo que considerem interessante de ser ensinado a outras crianças. Vejam algumas ideias de jogos que vocês podem pesquisar:

Jogos de tabuleiro
trilha; damas; mancala

Jogos de cartas
bafo; trunfo; dorminhoco; detetive

Jogos de peças
jogo da memória; dominó

Jogos de lápis e papel
adedonha (*stop*); forca; *sudoku*; jogo da velha

Jogos com bola
boliche; queimada; alerta; bola de gude

Jogos de mão
adoleta; par ou ímpar; pedra, papel e tesoura (*jokenpo*)

Aprenda mais!

A sugestão a seguir pode ajudar na pesquisa de vocês.

O *site Mapa do brincar* ensina diversas brincadeiras de norte a sul do Brasil que são realizadas há gerações, provando que basta ter disposição e criatividade para se divertir. Veja o endereço abaixo.

<https://mapadobrincar.folha.com.br/>
Acesso em: 3 mar. 2020.

Mapa do brincar. Fac-símile: ID/BR

- Anotem as principais informações sobre o jogo escolhido.

Escrevam

- Comecem registrando o título, que deve ser o nome do jogo.
- Escrevam as informações iniciais, como número de participantes, materiais e objetivo do jogo.
- Descrevam o passo a passo do jogo, enumerando as ações.
- Utilizem comandos para explicar o que os jogadores precisam fazer. Por exemplo: "na sua vez, o jogador deve lançar o dado...".
- Expliquem como é a pontuação do jogo, se houver, e o que o jogador deve fazer para vencer.

Revisem

Depois de pronto, entreguem o texto instrucional para outro grupo, a fim de que os colegas o leiam e verifiquem se:

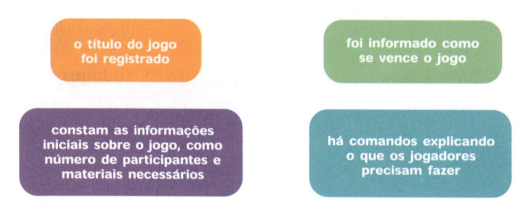

Reescrevam

Passem o texto a limpo incorporando todas as correções necessárias. De preferência, digitem o texto em um programa ou um aplicativo de edição de texto.

Apresentem

Chegou a hora de apresentar o texto instrucional em formato de vídeo.

Releiam o texto instrucional que produziram e ensaiem a apresentação dele. Vocês podem consultar o texto escrito, mas procurem apresentá-lo sem ler. Verifiquem por quais partes do texto cada integrante do grupo ficará responsável.

Se preferirem, podem apresentar algumas jogadas, para que as pessoas que forem assistir entendam melhor as instruções. Nesse caso, preparem também os materiais necessários para jogar.

No momento da gravação:

- acionem a câmera e façam uma saudação;
- apresentem o texto instrucional;
- falem com clareza e em um tom de voz adequado, para que sejam ouvidos e compreendidos pelos telespectadores;
- ao final, despeçam-se e agradeçam a todos que estiverem assistindo.

Quando os vídeos dos grupos estiverem prontos, o professor vai providenciar a publicação deles na internet.

Ajudem na divulgação dos vídeos, convidando familiares e amigos a acessarem o endereço em que foram publicados a fim de que apreciem o trabalho de vocês.

Avaliem

	Sim	Não
O texto escrito contém as informações necessárias e os comandos de que os participantes precisam para jogar?		
Escrevemos corretamente as palavras e pontuamos o texto de maneira adequada?		
O vídeo que produzimos apresenta com clareza o passo a passo de como jogar?		

> **Que curioso!**
>
> ### O esporte é para todos!
>
> Os primeiros Jogos Paralímpicos aconteceram em 1960 em Roma, na Itália, com o objetivo de reconhecer e incluir esportistas com deficiências. O evento contou apenas com 400 atletas. Nos jogos realizados no Brasil, em 2016, foram reunidos aproximadamente 4 mil atletas, representantes de 176 países.
>
> Inspiradas nessas competições mundiais, surgiram as Paralimpíadas Escolares no Brasil, um evento que reúne jovens atletas de 12 a 19 anos que estejam matriculados em escolas públicas. São dez modalidades adaptadas para a capacidade de cada atleta mirim. A competição é considerada uma oportunidade para que surjam mais campeões que façam história no esporte mundial.
>
>
>
> Atleta participando das Paralimpíadas Escolares, em São Paulo, em 2013.

Ponto de chegada

Chegou o momento de relembrar o que vimos na unidade. Conversem com os colegas e o professor sobre os conteúdos estudados, com base nas questões a seguir.

1. O que é um anúncio publicitário?
2. Qual é a finalidade do relato pessoal?
3. Que função dos pronomes você conheceu nesta unidade?
4. O que o uso de adjetivos terminados em **-íssimo** e **-imo** cria no texto?
5. O que você estudou sobre a letra **h** no início das palavras?

unidade

5 Clássicos maravilhosos

O Gato de Botas, ilustração de Gustave Doré. Gravura sobre madeira, de Adolphe Pannemaker, 24,4 cm × 19,6 cm. 1862.

Biblioteca Nacional da França (Paris). Gustave Doré. Fac-símile. ID/BR

Ponto de partida
1. O que é retratado nessa imagem?
2. A que conto esse personagem pertence?
3. Qual é o seu conto maravilhoso preferido?

Cento e dezenove **119**

Lendo um trecho de texto dramático

A história "O Gato de Botas", que foi escrita pelo francês Charles Perrault, já recebeu diversas adaptações. Observe o texto e responda: por que será que ele está escrito dessa forma?

O Gato de Botas

PERSONAGENS

O GATO, tipo malando, esperto

O CAMPONÊS (pai), fará outros papéis

1º FILHO, fará outros papéis

2º FILHO, fará outros papéis

PEDRINHO, 3º filho

O REI BATATA

A RAINHA

A PRINCESA BATATINHA

O OGRE

OFÉLIA, empregada de Ogre

OS CAMPONESES

AS COELHAS

O GUARDA

O COZINHEIRO

1ª CENA

Cenário neutro. Num catre, o pai, que está morrendo. Em volta dele, os três filhos. O gato, num canto, finge dormir.

PAI — Bem, meus filhos, eu vou morrer. Então, vou dividir de uma vez meus pobres bens para que vocês não comecem a brigar depois. Para você, que é meu filho mais velho, deixo meu moinho. Você poderá trabalhar bastante e continuar minha profissão de moleiro.

1º FILHO — Sim, pai. Farei tudo o que o senhor quiser (*à parte*) Mas o que eu vou fazer mesmo é vender essa porcaria de moinho para tirar uns cobres. O que eu quero é dinheiro na mão.

PAI — Para você, deixo o meu burro. Com ele, meu filho, você poderá transportar o fubá que seu irmão vai moer e vender na feira.

2º FILHO — Sim, pai. (*à parte*) Eu vou é vender esse burro e ganhar uns cobres. O que eu quero mesmo é dinheiro na mão.

catre: cama pobre
moleiro: pessoa que trabalha em moinho

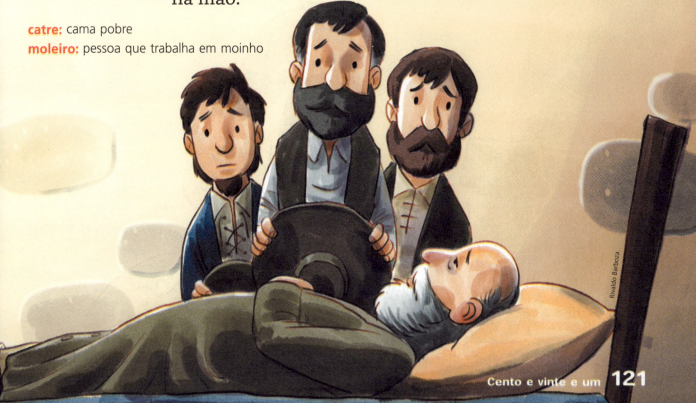

PAI — Para você, Pedrinho, meu filho caçula, deixo o meu gato. É tudo que me resta.

PEDRO — Não sei o que vou fazer com um gato, meu pai. Mas o que hei de fazer? O senhor é pobre e eu ficarei ainda mais pobre.

(O Gato dá um longo miado.)

PAI — Então, adeus, meus filhos... *(Ouve-se um sino.)* Escutem... escutem... A minha hora chegou. Vou bater as botas. *(Faz os gestos com as botas.)*

(Música fúnebre. Escurece. O Gato se levanta da almofada e pula na cama do pai. Pedro passeia pela cena, aflito.)

PEDRO — Um gato vagabundo de herança. Meu Deus, o que é que eu vou fazer?

GATO — Eu sei.

PEDRO — O que é que você sabe, Gato, além de miar, dormir e comer?

GATO — Não se agite tanto, meu amo, porque, se você quiser, eu faço de você o homem mais rico e respeitado dessa terra.

PEDRO — Eu, rico? Não sei como.

GATO — Seus irmãos não querem saber de trabalhar. Vão vender o que herdaram e depois que gastarem o dinheiro ficarão na miséria. Isto porque eles não têm cabeça, tutano, inteligência. Não querem trabalhar, nem são espertos, mas você!...

PEDRO — Eu o quê?

GATO — Você tem um gato!

PEDRO — E daí? Você não vale nada.

tutano: coragem, força, capacidade

GATO — Devagar... Eu tenho cabeça, cuca, inteligência, meu amo. *Se você me der um par de botas e um saco, farei de você um grande senhor.* O que adianta ter dinheiro se a gente não é esperto e inteligente?

PEDRO — Um par de botas e um saco. Para quê?

GATO — Deixa comigo, meu amo... Garanto que dos três irmãos você levou a melhor parte... Eu!!!

PEDRO — Não estou te entendendo, mas vá lá. Te darei um par de botas e um saco. Eu pago para ver. (*Busca o saco e as botas e entrega.*)

GATO — Com esse par de botas, meu amo, o senhor vai ver. (*Calça as botas.*) Que tal? (*saindo*) Deixa comigo, meu amo.

O Gato de Botas, de Maria Clara Machado. Em: *Tribobó city e outras peças*. Rio de Janeiro: Nova Fronteira, 2009. p. 237-242.

O trecho que você leu é do livro *Tribobó city e outras peças*, da escritora mineira Maria Clara Machado. Esse livro apresenta algumas das peças encenadas pela escola de teatro Tablado, na cidade do Rio de Janeiro, da qual Maria Clara é fundadora. Em 1984, a peça "O Gato de Botas" ganhou o prêmio Mambembe, um importante prêmio do teatro brasileiro.

Capa do livro *Tribobó city e outras peças*, de Maria Clara Machado.

Estudando o texto

1. O que você achou do modo como essa história foi escrita?

2. O que você já sabe sobre textos dramáticos? Troque ideias com os colegas e o professor.

3. Quais personagens participam da cena que você leu? Como você chegou à resposta?

_____
_____
_____
_____

4. Releia o trecho a seguir.

(Música fúnebre. Escurece. O Gato se levanta da almofada e pula na cama do pai. Pedro passeia pela cena, aflito.)

a. Sublinhe de **azul** as orientações para a caracterização do ambiente nesse trecho.

b. Sublinhe de **vermelho** as orientações para a movimentação dos personagens nesse trecho.

5. Qual é a importância da descrição do cenário em um texto dramático?

_____
_____
_____
_____

6. Como Pedro se sentiu ao saber que iria herdar um gato?

_____

_____

_____

_____

> **Vamos refletir**
>
> Mesmo descontente com a sua parte na herança, Pedro foi compreensivo e sincero com seu pai, dando um exemplo de como é possível tomar decisões com firmeza e responsabilidade.

7. Releia o seguinte trecho.

> PAI — Então, adeus, meus filhos... (*Ouve-se um sino.*) Escutem... escutem... A minha hora chegou. **Vou bater as botas**. (*Faz os gestos com as botas.*)

a. Marque um **X** na alternativa que explica o termo destacado.

◯ O pai vai bater uma bota na outra.

◯ O pai vai morrer.

◯ O pai vai sair do quarto.

b. O termo destacado é uma **expressão idiomática**, ou seja, uma expressão formada por mais de uma palavra que, se fossem consideradas isoladamente, teriam outro sentido. Troque ideias com os colegas e o professor e escreva o sentido de cada expressão idiomática a seguir.

- Entrar numa fria:

_____

- Dar uma mãozinha:

_____

- Pisar na bola:

_____

8. Releia o trecho a seguir.

> GATO — Devagar... Eu tenho cabeça, cuca, inteligência, meu amo. Se você me der um par de botas e um saco, farei de você um grande senhor. O que adianta ter dinheiro se a gente não é esperto e inteligente?

a. Marque um **X** na alternativa correta em relação aos termos "cabeça, cuca, inteligência".

○ São sinônimos, portanto ficaram repetitivos e desnecessários nesse contexto.

○ São sinônimos utilizados para reforçar a ideia de que o Gato era esperto e iria ajudar seu amo.

b. O que o Gato quis dizer ao afirmar que faria de seu amo "um grande senhor"?

_____

_____

9. Você gostou desse texto dramático? Ficou com vontade de ler o restante da história e conhecer o final? Conte suas impressões sobre ele para os colegas e o professor.

Aprenda mais!

Depois de aprontar todas em *Shrek*, o Gato de Botas ganhou uma produção cinematográfica só para ele. A animação narra o desejo do Gato espertalhão e de dois amigos, Humpty Dumpty e Kitty Pata Mansa, de possuir a gansa dos ovos de ouro.

Gato de Botas, direção de Chris Miller. Estados Unidos: Dreamworks Animation, 2011 (90 min).

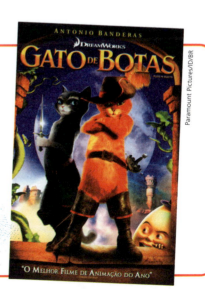

Estudando a língua

A concordância entre as palavras

1. Releia um trecho do texto dramático "O Gato de Botas".

> PAI — Para você, deixo o meu burro. Com ele, meu filho, você poderá transportar o fubá que seu irmão vai moer e vender na feira.

Analise as seguintes palavras.

> o meu burro

a. Qual dessas palavras é o substantivo?

_____

b. Marque um **X** nas alternativas que indicam respectivamente o gênero e o número desse substantivo.

Gênero
○ Feminino.
○ Masculino.

Número
○ Singular.
○ Plural.

c. Quais palavras estão acompanhando o substantivo?

_____

d. Marque um **X** nas alternativas que indicam respectivamente o gênero e o número dessas palavras que acompanham o substantivo.

Gênero
○ Feminino.
○ Masculino.

Número
○ Singular.
○ Plural.

2. Reescreva o grupo de palavras analisado, trocando o substantivo **burro** pelo substantivo **vacas**. Faça as alterações necessárias.

o meu burro

_____

a. Ao trocar o substantivo, que outras modificações foram necessárias?
_____
_____

b. Por que essas modificações foram necessárias?
_____
_____

As palavras que acompanham um substantivo concordam com ele em gênero (masculino ou feminino) e número (singular ou plural). Veja.

Como você já estudou, há adjetivos que têm apenas uma forma tanto para o gênero masculino quanto para o gênero feminino. Veja.

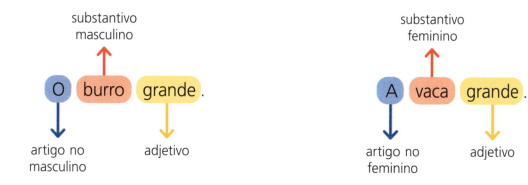

Pratique e aprenda

1. Você já ouviu a expressão "mãe coruja", usada para se referir às mães superprotetoras? O que a coruja tem a ver com essa expressão? Descubra lendo o texto a seguir.

A coruja é superprotetora?

A coruja é símbolo de proteção porque, em primeiro lugar, ela tem uma visão global, sendo capaz de virar a cabeça e visualizar todos os lados de um ambiente. [...]

Todos sabem que a coruja é uma ave de rapina, muito habilidosa. Outra característica é que as corujas são superatentas aos filhotes e ao ninho. Por isso, a existência da expressão "Mãe Coruja".

A fama de superprotetora da coruja também está relacionada a uma fábula francesa intitulada "A Coruja e a Águia", escrita por La Fontaine e adaptada por escritores do mundo inteiro, entre eles Monteiro Lobato. Nessa fábula, o autor cita a coruja como uma mãe zelosa, protetora, com dedicação incondicional e que não vê imperfeições em seus filhotes.

[...]

A coruja é superprotetora?, de Juliana Miranda. *Site de Curiosidades*. Disponível em: <http://www.sitedecuriosidades.com/curiosidade/a-coruja-e-super-protetora.html>. Acesso em: 13 out. 2017.

a. Você já viu uma coruja? Em sua opinião, quais são as características mais marcantes dessa ave? Comente com os colegas e o professor.

b. Qual é a relação entre a coruja e a expressão "mãe coruja"?

_____

_____

c. Marque um **X** na alternativa que informa a função do texto lido.

◯ Contar a história de uma coruja.

◯ Mostrar curiosidades sobre a coruja.

2. No quadro a seguir, pinte de **verde** o gênero e o número do substantivo **mãe** e de **vermelho** o gênero e o número do substantivo **mundo**, empregados no texto.

	gênero		número	
mãe	feminino	masculino	singular	plural
mundo	feminino	masculino	singular	plural

a. Pinte com a mesma cor as palavras abaixo que se relacionam a cada um desses substantivos.

| zelosa | inteiro | do | uma |

b. Explique como é feita a concordância de gênero e número entre as palavras que você pintou.

_____

_____

_____

3. Complete o título do livro apresentado ao lado com as palavras **amizade** e **amor** nas posições adequadas.

O _____ e a _____

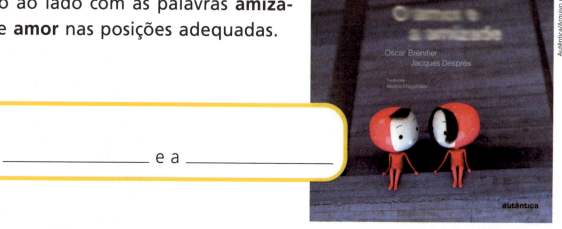

• Qual foi a análise que você fez para chegar a essa conclusão?

_____

_____

Lendo um conto

O começo desta história você já conhece. O que você acha que aconteceu? Leia uma versão na íntegra dessa história e saiba como tudo terminou.

O Gato de Botas

Era uma vez um moleiro que deixou uma pobre herança a ser dividida entre os três filhos. Para o mais velho, tocou um moinho; o segundo ganhou um asno; e para o caçula coube um gato. Esse filho, ao receber algo que não lhe tinha serventia, ficou aborrecido.

O gato, que era um bicho muito esperto, disse ao rapaz:

— Não se aflija, meu amo! Dê-me um saco e um par de botas e verá que posso lhe ser útil.

O rapaz, espantado com um gato que falava, não tinha outra escolha senão dar-lhe um pouco de confiança.

O gato calçou as botas, meteu no saco umas alfaces e partiu para um bosque. Fez uma armadilha e capturou um coelho.

Dirigiu-se ao castelo do rei para dar prosseguimento a seu plano. Adentrou-se no salão real, fez uma reverência e disse:

— Trago comigo um tenro coelho, um presente de meu amo a Vossa Majestade.

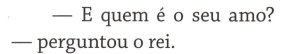

— E quem é o seu amo? — perguntou o rei.

— O Marquês de Carabá — inventou o gato.

— Diga-lhe que agradeço tão apetitoso presente.

Dias depois, o gato capturou algumas perdizes e também levou-as de presente ao rei. E mais uma vez o rei recebeu o mimo e agradeceu.

Assim, por dois ou três meses, o gato continuou a levar ao rei caças em nome de seu amo: o Marquês de Carabá, que, a essa altura, já era famoso no castelo real.

Um dia, sabendo que o rei passearia pela margem do rio com sua filha, a princesa mais bela do mundo, o gato disse a seu amo para se banhar no rio só de ceroulas. Enquanto se banhava, o rei passou por ali e o gato pôs-se a gritar:

— Socorro! Socorro! Meu senhor está se afogando!

O rei, reconhecendo o gato, ordenou a seus guardas que fossem socorrer o Marquês de Carabá.

O gato se aproximou da carruagem e inventou ao rei que, enquanto seu amo se banhava, ladrões tinham roubado suas vestes.

O rei ordenou que fossem buscar um traje real para o marquês para fazerem um passeio. O gato, que seguia na frente, encontrou alguns camponeses que ceifavam num prado e lhes disse:

ceifavam: cortavam com foice
ceroulas: roupa masculina usada sob as calças, que cobre da cintura até o tornozelo
perdizes: aves que sofriam muita caça
prado: campo, terreno plano sem árvores
tenro: macio, mole

— Ei, vocês, se não disserem ao rei que este prado pertence ao Marquês de Carabá, sofrerão um enorme castigo.

O rei perguntou aos camponeses a quem pertencia o prado.

— Pertence ao senhor Marquês de Carabá — responderam, com medo do castigo.

O gato dizia a mesma coisa a todos que encontrava, deixando o rei pasmo com tanta riqueza que o marquês possuía.

Finalmente, aproximaram-se de um belo castelo que pertencia a um ogro muito rico e muito mau. O gato, que sabia sobre o ogro e seus poderes, pediu para ver-lhe, dizendo que nunca mais teria a honra de estar na presença de tão poderosa criatura.

Envaidecido, o ogro o recebeu. O gato continuou a bajulação:

— Disseram-me que você tem o poder de se transformar em qualquer animal, mas não acreditei.

— É verdade — respondeu o ogro bruscamente. — Para lhe provar, vou me transformar num leão.

O gato, apavorado com o leão, foi em um pulo parar no telhado. De lá, disse ao ogro:

— Disseram-me ainda que você também tem o dom de tomar a forma dos animais mais pequeninos, como um rato. Confesso que achei impossível.

— Impossível? — replicou o ogro. — Pois veja!

E no mesmo instante se transformou num ratinho. O gato deu o bote e o comeu.

bajulação: elogio, ação de lisonjear para obter vantagens
envaidecido: orgulhoso, vaidoso

Vendo o castelo adiante, o rei quis parar para conhecer quem morava naquela linda construção. O gato correu para frente do castelo e disse ao rei:

— Seja bem-vinda, Vossa Majestade, ao castelo do senhor Marquês de Carabá.

— Também este castelo lhe pertence?! — exclamou o rei, pasmo.

Entraram, então, e se puseram à mesa para comer. O rei, encantado com as qualidades do marquês e vendo as riquezas que possuía, disse-lhe:

— Você gostaria de receber a mão de minha filha em casamento?

— Se for do agrado da princesa — respondeu o rapaz —, ficaria honrado, Majestade!

Já apaixonada pelo rapaz, a princesa aceitou, e naquele mesmo dia se casaram, passando a viver felizes no castelo.

Quanto ao gato, o marquês o fez seu conselheiro.

O Gato de Botas, de Márcia Paganini. *Pequenas reticências...* Disponível em: <https://ricardodalai.wordpress.com/2017/10/18/o-gato-de-botas-2/>. Acesso em: 18 out. 2017.

Estudando o texto

1. Suas hipóteses sobre o final dessa história se confirmaram depois dessa leitura?

2. Quais são os seres e elementos mágicos presentes no conto "O Gato de Botas"?

3. É possível afirmar em qual época se passaram os acontecimentos narrados nesse conto? Justifique sua resposta.

   _____
   _____
   _____

4. Sublinhe no texto pelo menos duas expressões que demonstram a passagem do tempo.

5. Qual é o espaço dessa narrativa, ou seja, onde se passa a história?

   _____
   _____
   _____

6. Ligue cada acontecimento do conto à parte da narrativa correspondente.

   O gato se depara com um poderoso e maldoso ogro e o enfrenta.

   O filho caçula herda o gato, aumentando sua preocupação financeira, pois o animal não lhe daria lucros.

   O rapaz resolve sua situação financeira e se casa com a princesa.

   Um moleiro falece e deixa para os três filhos seus modestos bens: um moinho, um asno e um gato.

   situação inicial

   conflito

   clímax

   desfecho

7. Existem duas maneiras de representar as falas dos personagens em um texto: pelo **discurso direto** ou pelo **discurso indireto**. Releia os seguintes trechos do conto e observe como as falas estão sendo representadas.

> **A** O rei perguntou aos camponeses a quem pertencia o prado.

> **B** O rei, encantado com as qualidades do marquês e vendo as riquezas que possuía, disse-lhe:
> — Você gostaria de receber a mão de minha filha em casamento?

a. Em qual dos dois trechos a fala do rei é reproduzida de forma direta, isto é, tal qual foi dita por ele?

_____

b. Em qual dos trechos a fala está representada de forma indireta, isto é, está incorporada ao discurso do narrador?

_____

c. Circule, no trecho **B**, a forma verbal e os sinais de pontuação empregados para anunciar e introduzir a fala do personagem.

d. Por qual das formas verbais abaixo a forma verbal que você circulou no trecho **B** poderia ser substituída sem que houvesse alteração de sentido?

◯ Gritou.   ◯ Falou.   ◯ Cochichou.

e. Tendo como modelo o trecho **B**, reescreva o trecho **A**, empregando o discurso direto.

_____

_____

_____

8. Em sua opinião, o que poderia ter acontecido caso o plano do gato tivesse sido descoberto pelo rei? Explique.

_____

_____

_____

_____

9. Junte-se a um colega e liste as diferenças entre o conto "O Gato de Botas" e o texto dramático "O Gato de Botas".

Vamos valorizar

Os contos maravilhosos encantam as pessoas há gerações.

_____

_____

_____

_____

_____

_____

_____

Trocando ideias

1. Quais atitudes o gato tomou para ajudar o dono?

2. Em sua opinião, essas atitudes tomadas pelo gato foram corretas?

Lá vem conto maravilhoso

Agora, você vai ouvir o conto "João e o pé de feijão", recontado pelo escritor Ricardo Dalai. Você conhece essa história? O que você acha que há de maravilhoso nela? Preste atenção na leitura do professor.

Como se escreve?

Pontuação

1. Releia um trecho do conto "O Gato de Botas" em que o gato conversa com o leão e observe os sinais de pontuação empregados.

> O gato, apavorado com o leão, foi em um pulo parar no telhado. De lá, disse ao ogro:
>
> — Disseram-me ainda que você também tem o dom de tomar a forma dos animais mais pequeninos, como um rato. Confesso que achei impossível.
>
> — Impossível? — replicou o ogro. — Pois veja!

Destaque os **adesivos** da página **255** e cole-os nos espaços adequados, considerando a função de cada sinal de pontuação utilizado no trecho lido.

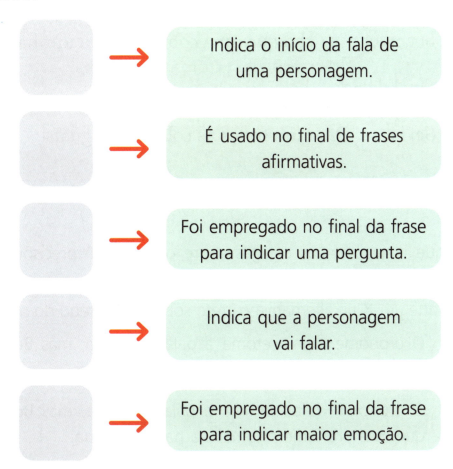

O **ponto-final** encerra uma frase afirmativa ou negativa.

O **ponto de interrogação** é empregado sempre ao final de uma pergunta.

O **ponto de exclamação** é usado ao final de uma frase dita com mais emoção.

Os **dois-pontos** anunciam uma fala de alguém ou de algum personagem.

O **travessão** é usado para marcar o início da fala de alguém ou de algum personagem.

Pratique e aprenda

1. Leia a anedota a seguir e complete-a com os sinais de pontuação necessários.

Bocão, de novo, numa excursão na floresta ☐

☐ Socorro ☐ Acho que uma cobra mordeu minha perna ☐

☐ Qual delas ☐

☐ Sei lá ☐ Pra mim todas as cobras são iguais ☐

O livro do riso do Menino Maluquinho, de Ziraldo. São Paulo: Melhoramentos, 2000. p. 72 (Alterada para fins didáticos).

a. Troque ideias com os colegas sobre o que você precisou analisar para pontuar essa anedota.

b. Marque um **X** na alternativa correta sobre o emprego do pronome **delas**.

☐ O pronome **delas** retoma a palavra **perna**, mas Bocão entendeu que esse pronome retomava a palavra **cobra**.

☐ O pronome **delas** retoma a palavra **cobra**, mas Bocão entendeu que esse pronome retomava a palavra **perna**.

Produção escrita

Produzir um texto dramático

Junte-se a um colega e sigam as orientações abaixo para escrever um texto dramático, com base em um conto maravilhoso à escolha de vocês.

Planejem

- Escolham um conto maravilhoso de que vocês gostem para transformá-lo em uma peça teatral.
- Leiam o texto selecionado e certifiquem-se de que vocês compreenderam bem a história.
- Anotem os seguintes elementos do texto:

  - os personagens, identificando quem são os principais e quem são os secundários
  - o espaço, ou seja, onde se passa a história
  - os principais acontecimentos e a sequência desses acontecimentos na história
  - as falas do narrador, pois elas deverão ser transformadas em indicações cênicas no texto dramático

Aprenda mais!

A sugestão a seguir pode inspirar a produção do texto de vocês.

O livro *Eram quatro vezes: comédia para crianças de todas as idades* apresenta adaptações para o teatro de quatro versões do tão conhecido conto da Chapeuzinho Vermelho.

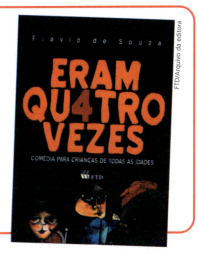

Eram quatro vezes: comédia para crianças de todas as idades, de Flavio de Souza. Ilustrações de Alexandre Camanho. São Paulo: FTD, 2009.

Escrevam

- Elaborem um rascunho no caderno. Escrevam o título, que pode ser o mesmo do texto original ou um inédito.
- Lembrem-se de que a história (o enredo) não deve mudar, ela só deverá ser contada de outra forma. Portanto, mantenham os mesmos personagens e acontecimentos da narrativa original.
- Descrevam o cenário e listem os personagens. Em seguida, escrevam as falas dos personagens, sempre antecedidas do nome de quem vai falar.
- Insiram as indicações cênicas (rubricas), pois são elas que substituem a fala do narrador em alguns momentos, como nas descrições e orientações.
- Relembrem como esses elementos são apresentados no texto dramático:

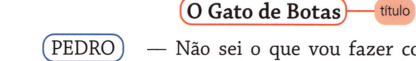

PEDRO — Não sei o que vou fazer com um gato, meu pai. Mas o que hei de fazer? O senhor é pobre e eu ficarei ainda mais pobre.

(O Gato dá um longo miado.)

Revisem

Depois de pronto, troquem o texto com outra dupla e verifiquem se:

- o conto foi transformado em um texto teatral, sem alterar o enredo;
- apresenta a descrição do cenário e a lista dos personagens;
- foram usadas rubricas para indicar descrições ou orientações das atitudes e gestos dos personagens;
- as palavras foram escritas corretamente e os sinais de pontuação utilizados de modo adequado.

Reescrevam

Após a revisão do texto feita pelos colegas, verifiquem os apontamentos, corrigindo ou adequando o que for preciso, e passem-no a limpo.

Avaliem

	Sim	Não
O texto produzido tem as características do gênero texto dramático?		
Mantivemos o enredo do conto maravilhoso?		
Fomos fiéis à descrição do cenário e dos personagens?		

Produção oral

Encenação do texto dramático

A turma fará uma votação para escolher quatro textos que serão encenados para a comunidade escolar. Para isso, façam uma roda de leitura dos textos produzidos e votem em qual acham que deve ser encenado.

Planejem

- Dividam a turma entre atores e produção: os alunos escolhidos para atuar devem ensaiar as falas dos personagens.

- Os alunos responsáveis pela produção da peça devem providenciar figurino, cenário e demais elementos. O professor será o diretor.

- Façam ensaios antes da apresentação. Os atores devem decorar as falas, prestando atenção à entonação e à expressão corporal e à expressão facial dos personagens.

- Os alunos responsáveis pela produção devem providenciar os elementos necessários para a peça e ajudar na organização do palco. Além disso, eles precisam saber o momento certo de entrar em ação, com efeitos, música ou mudança/troca de cenário.

- Convidem as demais turmas da escola e os familiares de vocês para assistirem às peças.

Realizem

- No dia agendado, arrumem o espaço para a encenação e o palco, lembrando-se de levar todos os itens necessários para o figurino e para o cenário.

- Durante a apresentação, fiquem atentos ao momento das falas de cada personagem e às rubricas do texto para que cada aluno atue na hora certa e aja conforme as indicações cênicas.

- Empreguem um tom de voz de modo que todos os presentes consigam ouvir bem.

- Vocês podem pedir ao professor que grave a apresentação para assistirem e verificar como foi a atuação de cada aluno. Boa apresentação!

Avaliem

	Sim	Não
Todos ajudaram a escolher o texto dramático?		
Foram feitos ensaios para a apresentação?		
Todos participaram da produção e encenação dos textos dramáticos escolhidos?		
Todos falaram com um tom de voz adequado?		

Que curioso!

Como surgiram os contos maravilhosos?

Os contos maravilhosos, e também os contos de fadas, vêm de um tempo em que as pessoas se reuniam para contar e ouvir histórias de reis, príncipes, princesas, bruxas, fadas e outros seres fantásticos. Ninguém sabe dizer quando começaram a ser contados pela primeira vez.

O francês **Charles Perrault** (1628-1703) foi o primeiro a publicar um livro com alguns desses contos, como "A Bela Adormecida no bosque", "Chapeuzinho Vermelho" e "O Gato de Botas".

Charles Perrault, de autor desconhecido. Óleo sobre tela, 63 cm × 52 cm. Século 17.

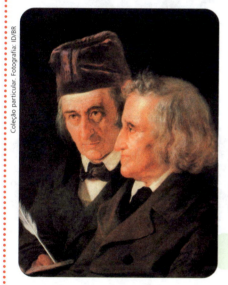

Os alemães Jacob Grimm (1785-1863) e Wilhelm Grimm (1786-1859), conhecidos como **irmãos Grimm**, nasceram em uma família humilde. Ao pesquisar as origens da cultura alemã, eles reuniram um volume com vários contos populares, entre eles "Branca de Neve e os sete anões", "João e Maria" e "Rapunzel". Também escreveram uma versão do conto "Chapeuzinho Vermelho".

Jacob e Wilhelm Grimm, de Elisabeth Jerichau-Baumann. Óleo sobre tela, 63 cm × 54 cm. 1855.

Hans Christian Andersen (1805-1875) nasceu na Dinamarca e, ao contrário de Perrault e dos irmãos Grimm, que coletavam as histórias e as recontavam, criou mais de 150 contos inéditos, entre eles "A pequena sereia", "O patinho feio", "A pequena vendedora de fósforos" e "A nova roupa do imperador".

Hans Christian Andersen, fotografado por Thora Hallager, 1869.

Aprenda mais!

O livro *Aladim e outros contos de As mil e uma noites*, de Rosalind Kerven, traduzido por Hildegard Feist, traz histórias milenares, como "O jardim dos encantos" e "Ali Babá e os quarenta ladrões", que sobreviveram a muitas épocas e lugares.

Essas histórias são essenciais para o jovem leitor desenvolver suas preferências de leitura e aprimorar seus conhecimentos culturais. Além disso, são fontes de inspiração para filmes e desenhos animados.

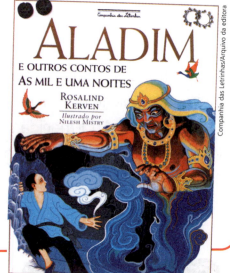

Aladim e outros contos de As mil e uma noites, de Rosalind Kerven. Tradução de Hildegard Feist. Ilustrações de Nilesh Mistry. São Paulo: Companhia das Letrinhas, 1998.

Ponto de chegada

Agora vamos relembrar os conteúdos que estudamos nesta unidade.

1. Qual é a função mais marcante do gênero texto dramático? Como é a estrutura dele?

2. Cite as características do gênero conto maravilhoso.

3. Como é feita a concordância entre o substantivo e as palavras que o acompanham?

4. Quais sinais de pontuação estudamos nesta unidade? Você sabe dizer a função de cada um deles?

unidade

6 De olho nos gastos

Ponto de partida

1. Considerando o título da unidade e observando essa imagem, o que ela te faz pensar?

2. Em sua opinião, como devemos lidar com o dinheiro: podemos gastar tudo o que ganhamos ou devemos poupar? Por quê?

Lendo um artigo expositivo

Vamos conhecer algumas informações importantes sobre o nosso dinheiro.

De onde vem e para onde vai o dinheiro?

Bom, você usa serviços e bens públicos e privados, certo? Então esse assunto também te interessa.

Vamos ver alguns exemplos usando o nosso "ciclo do dinheiro".

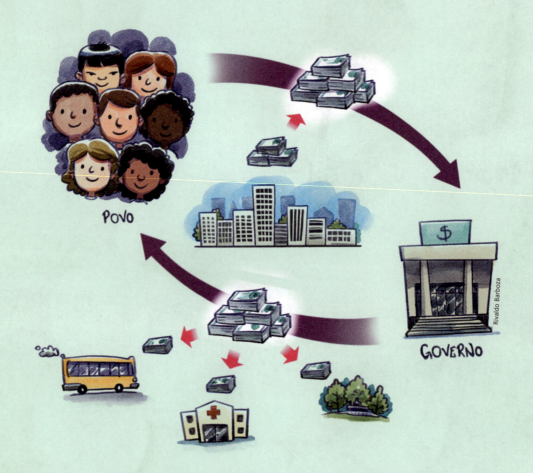

Você pode não perceber, mas, quando alguém vai ao cinema, parte do dinheiro pago vai para o Governo, na forma de tributos. O Governo, então, usa esse dinheiro para construir e manter escolas, hospitais, transporte público, praças, ruas, entre outros. Todos esses, você também usa no seu dia a dia.

tributos: impostos, taxas de serviços públicos

Quando nossos pais saem para trabalhar, eles também vão prestar serviços ou produzir bens. Se o seu pai trabalha em uma fábrica de carros, por exemplo, ele vai ajudar a produzir um bem privado. Já se ele trabalha em uma oficina mecânica, prestará um serviço privado. Esse serviço, por sua vez, vai ser contratado por outra pessoa, parte do seu preço vai para os tributos e assim por diante.

Agora, quando uma carteira da escola pública é quebrada, o Estado vai ter que colocar outra no lugar, não é? E de onde vem esse dinheiro? É o mesmo dinheiro que veio dos tributos (ISS, IPTU etc.) e que poderia ir para a educação, a saúde, a escola, mas acaba indo apenas repor algo que já existia. Assim, todo mundo perde.

Da mesma forma, quando uma pessoa não paga o imposto devido, comprando um produto pirata, por exemplo, o Estado fica com menos dinheiro e o recurso que poderia ir para um *show* ou para um parque nunca chega lá.

É por isso que cada cidadão deve fazer a sua parte — afinal, quando uma pessoa quebra o ciclo, todo mundo paga.

De onde vem e para onde vai o dinheiro?, de Prefeitura de São Paulo – Secretaria de finanças e desenvolvimento econômico. *Educação Fiscal*. Disponível em: <http://educacaofiscal.prefeitura.sp.gov.br/criancas/120-2/257-2/>. Acesso em: 28 set. 2017.

Educação Fiscal é um *site* de um programa do município de São Paulo que tem como objetivo levar informações sobre a função social do tributo e promover o exercício da cidadania.

Página inicial do *site* *Educação Fiscal*.

Estudando o texto

1. Em sua opinião, por que é importante conhecer o ciclo do dinheiro?

2. Esse texto esclarece o conhecimento que você tinha sobre o dinheiro gasto em nossa sociedade? Comente.

3. Como o dinheiro chega ao governo?

_____

_____

4. Com base na ilustração apresentada no texto, explique como funciona o ciclo do dinheiro.

_____

_____

_____

_____

5. Marque um **X** nas alternativas que indicam quando o cidadão contribui com o ciclo do dinheiro.

( ) Ao comprar produtos piratas.

( ) Ao pagar as tarifas corretamente.

( ) Quando conserva os bens públicos.

( ) Quando não paga os tributos corretamente.

6. Volte à imagem que ilustra o ciclo do dinheiro. Como o cidadão pode "quebrar" esse ciclo?

_____

_____

_____

7. Releia o trecho a seguir para responder às questões.

> Bom, você usa serviços e bens públicos e privados, certo? Então esse assunto também te interessa.

a. A quem é dirigida essa pergunta?

_____

b. Que efeito essa maneira de escrever causa no texto?

_____

_____

_____

8. Ao afirmar "Quando nossos pais saem para trabalhar, eles também vão prestar serviços ou produzir bens.", o autor está se colocando:

◯ na mesma situação do leitor.

◯ em uma situação distante do leitor.

9. O parágrafo a seguir se refere à conclusão do artigo.

> É por isso que cada cidadão deve fazer a sua parte — **afinal**, quando uma pessoa quebra o ciclo, todo mundo paga.

a. Marque um **X** na alternativa que apresenta o sentido expresso pelo termo destacado.

◯ Dúvida. ◯ Explicação. ◯ Tempo.

b. Complete a frase a seguir com uma das palavras do quadro abaixo.

> imparcialidade • opinião • incerteza

A conclusão do artigo demonstra a _____ do autor sobre as informações apresentadas.

10. Analise o boleto de cobrança a seguir.

a. Circule o nome do beneficiário e sublinhe o nome do pagador desse imposto.

b. Qual é a finalidade desse boleto?

_____

_____

c. De acordo com o que você leu no artigo expositivo, explique de que forma o dinheiro desse imposto retorna para quem o pagou.

_____

_____

_____

Comparando textos

Lucas percebeu um problema em seu bairro e tomou uma atitude. O que você imagina que ele fez? Vamos descobrir lendo o texto a seguir.

CARTA DE RECLAMAÇÃO

Lucas Figueira Mendes
Rua das Flores, n. 258
CEP 01234-567
Pedras Alvas – MG

À Senhora Vereadora Carla Santiago
Câmara de Vereadores de Pedras Alvas – MG
Avenida dos Estados, n. 567
CEP 78901-234
Pedras Alvas – MG

Pedras Alvas, 28 de julho de 2020.

Senhora Vereadora Carla Santiago, saudações!

Meu nome é Lucas, sou aluno do 4º ano da Escola Orvalho. Neste mês, estudamos alguns impostos que pagamos. Aprendemos sobre o IPTU (Imposto Predial Territorial Urbano) e que ele é cobrado pela prefeitura. Ficamos sabendo que o dinheiro arrecadado com o IPTU serve para fazer muitas coisas de que necessitamos em nossa cidade: asfalto, limpeza das ruas e iluminação pública, entre outras coisas.

As ruas do meu bairro não têm iluminação. Sendo assim, os moradores não podem aproveitar o espaço público à noite, pois todos se sentem inseguros para sair de casa. No escuro, temos a sensação de que o bairro está abandonado.

As famílias pagam IPTU, por isso eu gostaria de pedir que apresentasse a situação à prefeitura para que ela instale postes de iluminação no Bairro Floresta, pois é um direito dos cidadãos.

Espero que a senhora possa nos ajudar. Temos urgência em resolver esse problema para que os moradores fiquem tranquilos.

Se a senhora quiser entrar em contato, o telefone do meu pai é 77789-9001. O nome dele é Paulo Mendes.

Atenciosamente.

Lucas Figueira Mendes

1. O que Lucas fez para tentar resolver o problema de seu bairro?

2. Essa atitude de Lucas foi a mesma que você imaginou antes de ler a carta? Comente com os colegas.

3. O que você achou da atitude de Lucas? Explique.

4. A pessoa que escreve uma carta é o **remetente**. A que recebe é o **destinatário**. Em uma carta de reclamação, essas informações costumam ser apresentadas no **cabeçalho** da carta, a parte superior dela.

  a. Indique o remetente e o destinatário da carta que você leu.

Remetente	Destinatário

  b. Que outra informação foi inserida no cabeçalho da carta?

5. Releia o início da carta, também chamado de **saudação**.

> Senhora vereadora Carla Santiago, saudações!

Agora, responda às atividades a seguir.

  a. Que palavra o remetente usou para se dirigir ao destinatário?

  b. Essa forma de tratamento é:

  ( ) cerimoniosa e formal.   ( ) próxima do leitor e informal.

6. Entre a saudação e a despedida, temos o **corpo** da carta. Nele, o remetente explica o problema e busca convencer o destinatário de que tem razão. Analise as estratégias usadas pelo remetente e enumere a sequência em que elas foram apresentadas.

◯ Pedido de resolução do problema.

◯ Apresentação pessoal.

◯ Exposição dos conhecimentos sobre o assunto.

◯ Canal de comunicação para receber uma resposta.

◯ Apresentação do problema e das consequências dele.

7. Ao final da carta, temos a **despedida** e a **assinatura**. Sublinhe o termo usado na despedida.

8. Releia o seguinte trecho da carta.

> As famílias pagam IPTU, por isso **eu gostaria de pedir que apresentasse a situação** à prefeitura [...]

Agora analise uma reescrita desse trecho.

> As famílias pagam IPTU, por isso **eu quero que apresente a situação à prefeitura** [...]

a. Qual é a diferença de sentido entre esses dois parágrafos?

_____
_____
_____

b. Circule o parágrafo que é mais adequado à situação da carta lida.

9. Releia o seguinte parágrafo da carta.

> As famílias pagam IPTU, por isso eu gostaria de pedir que apresentasse a situação à prefeitura para que ela instale postes de iluminação no Bairro Floresta, pois é um direito dos cidadãos.

Quais são as duas razões (os argumentos) que o remetente da carta apresentou nesse trecho para defender sua reclamação?

_____
_____
_____

10. Que relação existe entre a carta lida e o artigo "De onde vem e para onde vai o dinheiro?"?

_____
_____

Aprenda mais!

Depois de estudar alguns impostos, Lucas toma a atitude de exigir do poder público um direito de seu bairro: a iluminação. Lucas só pôde fazer isso porque, antes, conheceu seus direitos e deveres, o funcionamento do pagamento dos impostos e a aplicação do dinheiro arrecadado neles. O *site* indicado a seguir permite que você estude não só esses assuntos, mas também outros, como quem paga impostos (as crianças pagam?) e como se planejar, participar e ter noções simples de orçamento.

Leãozinho. Fac-símile: ID/BR

<www.leaozinho.receita.fazenda.gov.br/>.
Acesso em: 20 abr. 2020.

Como se escreve?

Palavras paroxítonas terminadas em -i(s), -l, -r e -ão(s)

1. Observe as capas de livro abaixo.

 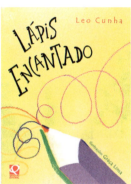  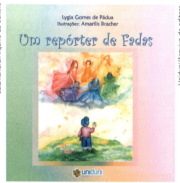

Capa do livro *Um homem no sótão*, de Ricardo Azevedo.

Capa do livro *Lápis encantado*, de Leo Cunha.

Capa do livro *O incrível menino devorador de livros*, de Oliver Jeffers.

Capa do livro *Um repórter de Fadas*, de Lygia Gomes de Pádua.

Agora, leia em voz alta as palavras do quadro abaixo, extraídas dos títulos dos livros.

a. De acordo com a sílaba tônica, essas palavras são classificadas como:

◯ oxítonas. ◯ paroxítonas. ◯ proparoxítonas.

b. Todas as palavras que você leu no quadro receberam acento gráfico?

◯ Sim. ◯ Não.

c. Qual é a terminação das palavras que receberam acento gráfico?

_____

As palavras paroxítonas terminadas em -i(s), -ão(s), -l e -r recebem acento gráfico. Por exemplo: **lápis**, **incrível**, **repórter** e **sótão**.

Pratique e aprenda

1. Todas as palavras do quadro abaixo são paroxítonas e estão sem acento gráfico. Leia-as em voz alta e, quando necessário, acentue-as de acordo com as regras que você estudou.

bule	fragil	frasco	agil	pomada	caneca	garrafa
biquini	taxi	felicidade	açucar	rubrica	reptil	textil
juri	teto	orfão	femur	vizinho	amigo	carater
nectar	caneta	recorde	impar	orgãos	mesa	util

2. Recorte de jornais e revistas quatro palavras paroxítonas terminadas em -i(s), -ão(s), -l e -r e cole-as no quadro abaixo.

   Agora, escreva as palavras que você colou.

Lendo um artigo de opinião

Todos nós somos consumidores, mas será que também somos consumistas? Você sabe a diferença entre consumo e consumismo? O texto que você vai ler apresenta opiniões sobre esse assunto.

Consumo x consumismo

Não há dúvidas: desde que nasce, o ser humano é um consumidor. Consome serviços variados, como alimentos, bebidas, roupas, combustíveis, brinquedos e uma infinidade de outras coisas. Consumir faz parte da vida. No entanto, o próprio ser humano, ao perceber que poderia ganhar ou lucrar com a venda desses bens de consumo, acumulando riquezas pessoais, criou a propaganda, um meio de chamar a atenção para produtos e serviços, a fim de convencer os consumidores a comprá-los.

Na prática, o alvo da propaganda somos nós, ou melhor, nosso dinheiro. Muitas vezes, sem nos darmos conta do exagero, acabamos comprando coisas e serviços dos quais não precisamos ou precisamos muito pouco. Esse consumo exagerado se chama consumismo.

Crianças e jovens são o alvo preferido da propaganda. Nessa briga, que mais parece um vale-tudo, a linha de frente é composta pelos comerciais veiculados nas redes de televisão, rádios e redes sociais. São bonitos, gostosos, animados e convincentes e levam o consumidor a comprar por impulso, por prazer, sem pensar e sem avaliar sua real necessidade.

Atualmente, muita gente (adulta) preocupada com esse consumismo argumenta contra o excesso de propaganda, sobretudo as endereçadas às crianças.

Os argumentos principais dessa turma alertam para os diversos problemas causados pelo consumismo, como o desperdício e o descarte de produtos que ainda poderiam ser usados, prejudicando o meio ambiente. Alertam também para o fato de as crianças não terem todas as condições para pensar sobre a diferença entre o que precisam para viver e o que é apenas fruto do desejo despertado pela propaganda.

De outro lado, há os que consideram que a propaganda apenas mostra o que existe no mundo moderno. Essas pessoas defendem a ideia de que as crianças não podem viver em um mundo paralelo sem o direito de escolherem o que quiserem. Nesse caso, as crianças precisam aprender a lidar com a propaganda e com o consumismo.

Pois então, você já deve ter percebido que está no meio dessa briga e que estão de olho no seu dinheiro, seja ele o de sua mesada, o de suas economias ou o dinheiro de sua família. Enquanto vai pensando em que lado quer ficar, tome algumas atitudes, tais como refletir antes de sair gastando tudo o que tem, poupar um pouco, pensando em seu futuro, lembrar-se de que propaganda bonita, gostosa e engraçada não precisa ser obedecida prontamente e, por fim, respeitar os argumentos de quem cuida do dinheiro e do orçamento de sua família.

Certamente, caro leitor, ao pensar sobre o assunto e tomar suas decisões, você estará se preparando para ser um consumidor consciente.

Consumo × consumismo, de Edson Gabriel Garcia. *Edson Gabriel Garcia escritor*. Disponível em: <http://www.escritoredsongabriel.com.br/avulsos.html>. Acesso em: 17 out. 2017.

O artigo de opinião que você leu foi publicado no *site* do escritor e professor paulista Edson Gabriel Garcia. Ele escreve para crianças e adolescentes e tem dezenas de livros publicados.

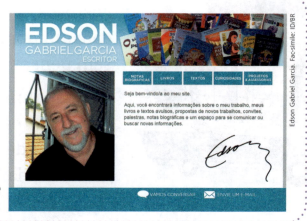

Página inicial do *site Edson Gabriel Garcia escritor*.

Estudando o texto

1. Qual é o assunto principal desse artigo de opinião?

2. Reflita sobre sua postura em relação ao consumo e responda: você é consumidor ou consumista?

3. Com base na leitura do artigo de opinião, o que é ser um consumidor consciente?

_____
_____

4. Segundo o autor, o que motivou o ser humano a criar a propaganda foi:

◯ poder ganhar ou lucrar com a venda de bens de consumo.

◯ a oportunidade de ajudar as pessoas necessitadas.

5. Em sua opinião, por que o autor afirma que o alvo preferido das propagandas são as crianças e os jovens?

_____
_____
_____

6. Qual é a opinião do autor sobre a postura que o leitor deve ter diante do consumo?

_____
_____
_____

7. Sublinhe um trecho do artigo no qual é possível perceber que o autor se inclui entre as pessoas que são o alvo das propagandas e acabam consumindo por impulso.

8. Ao se incluir no problema, o autor:

◯ se aproxima do leitor, levando-o a confiar mais no que está lendo.

◯ se afasta do leitor, pois o problema é enfrentado apenas por algumas pessoas.

9. Em geral, um artigo de opinião é dividido em:

- **introdução**: tema e a ideia principal que será defendida;
- **desenvolvimento**: argumentos que fortalecem a opinião do autor;
- **conclusão**: opinião final do autor.

Identifique no artigo lido os parágrafos que correspondem a cada uma dessas partes.

Introdução: ◯ parágrafo.

Desenvolvimento: ◯, ◯, ◯, ◯ e ◯ parágrafos.

Conclusão: ◯ e ◯ parágrafos.

10. Releia a referência do texto para responder às questões a seguir.

> Consumo x consumismo, de Edson Gabriel Garcia. *Edson Gabriel Garcia Escritor*. Disponível em: <http://www.escritoredsongabriel.com.br/avulsos.html>. Acesso em: 17 out. 2017.

a. Em que veículo esse artigo de opinião foi publicado?

_____

b. Pinte o nome dos veículos em que um artigo de opinião também pode circular.

| Revistas | *Blogs* | Rádios |
| Jornais | TVs | Livros |

11. Circule a imagem que representa o público-alvo desse artigo de opinião.

- Justifique sua resposta com um trecho do próprio texto.

_____

_____

_____

12. Um artigo de opinião apresenta, além da posição do autor, fatos que informam o leitor sobre o assunto abordado. Escreva **O** para a alternativa que mostra uma opinião do autor e **F** para a que apresenta um fato.

◯ Esse consumo exagerado se chama consumismo.

◯ [...] propaganda bonita, gostosa e engraçada não precisa ser obedecida prontamente [...]

13. Qual é a finalidade de um artigo de opinião?

◯ Informar sobre acontecimentos do dia a dia.

◯ Levar o leitor a refletir sobre um assunto polêmico.

Vamos refletir

Nossa relação com o dinheiro deve ser consciente. Poupar não é só uma questão de economia, é também uma atitude sustentável.

Divirta-se e aprenda

Consumidor consciente

Destaque das páginas **241** a **245** o tabuleiro e as peças do jogo **Consumidor consciente** e divirta-se com seus colegas.

Palavras: significados e usos

Termos que relacionam ideias e partes do texto

1. Releia um trecho do artigo de opinião "Consumo × consumismo" e responda às questões.

Consumir faz parte da vida. **No entanto**, o próprio ser humano, ao perceber que poderia ganhar ou lucrar com a venda desses bens de consumo, acumulando riquezas pessoais, criou a propaganda, um meio de chamar a atenção para produtos e serviços, a fim de convencer os consumidores a comprá-los.

a. O trecho lido apresenta duas ideias. Leia-as a seguir.

☐ O consumo faz parte da vida humana.

☐ O ser humano passou a incentivar o consumo por meio da propaganda.

- Pinte de **verde** a ideia que, no texto, é apresentada após o termo **no entanto**.
- Pinte de **azul** a ideia que, no texto, é apresentada antes do termo **no entanto**.

b. O termo **no entanto**, no trecho lido:

○ relaciona duas ideias, colocando a segunda ideia em oposição à primeira.

○ relaciona duas ideias, permitindo que a segunda ideia exemplifique a primeira.

c. A palavra que poderia substituir o termo **no entanto**, sem alterar o sentido pretendido pelo autor, é:

○ pois. ○ porque. ○ mas. ○ se.

2. Leia o trecho novamente, prestando atenção em outro termo em destaque.

Consumir faz parte da vida. No entanto, o próprio ser humano, ao perceber que poderia ganhar ou lucrar com a venda desses bens de consumo, acumulando riquezas pessoais, criou a propaganda, um meio de chamar a atenção para produtos e serviços, **a fim de** convencer os consumidores a comprá-los.

a. O termo **a fim de**, no trecho acima:

◯ apresenta a causa do consumo exagerado.

◯ apresenta o objetivo, a finalidade da propaganda.

◯ revela o modo como a propaganda atinge o ser humano.

b. A palavra que poderia substituir o termo **a fim de**, sem alterar o sentido pretendido pelo autor, é:

◯ pois.   ◯ para.   ◯ mas.

Além de ligar trechos de um texto, alguns termos da nossa língua podem ser usados para relacionar ideias, colocando-as em oposição, como o termo **no entanto**, ou para introduzir uma ideia de finalidade, de objetivo, como o termo **a fim de**.

O quadro abaixo apresenta alguns termos que podem ser utilizados para:

opor ideias	explicar algo	indicar a finalidade de algo	exemplificar alguma informação
mas, porém, contudo, entretanto, no entanto.	porque, pois, isto é.	a fim de, para.	como, assim como, por exemplo, conforme, segundo.

3. Leia a tirinha a seguir e responda às questões.

Calvin e Haroldo: e foi assim que tudo começou, de Bill Watterson. 2. ed. Tradução de Luciano Machado e Adriana Schwartz. São Paulo: Conrad, 2010. p. 34.

a. Que atitude de Calvin provoca humor na tirinha?

b. No primeiro quadrinho, Calvin empregou a palavra **pra**, que é a redução da palavra **para**, entre duas informações. Que informações são essas?

_____

_____

c. Ao ligar as duas informações, que sentido essa palavra estabelece?

◯ Oposição.   ◯ Exemplificação.   ◯ Finalidade.

d. No terceiro quadrinho:

- que argumento a mãe de Calvin apresentou para não permitir a travessura do filho?

_____

_____

- que palavra introduz esse argumento?

_____

e. Que sentido essa palavra estabelece entre essas ideias?

◯ Oposição.   ◯ Explicação.   ◯ Conclusão.

Por dentro do tema

Educação financeira

Poupar é responsabilidade de todos!

Nesta unidade, você conheceu o ciclo do dinheiro e aprendeu sobre a importância de sermos críticos na hora de consumir algum produto ou serviço, pois dinheiro não é brincadeira!

Fazer uma reserva do dinheiro ganho é outra maneira de ajudar nas finanças da família.

Leia a tirinha abaixo e conheça o que aconteceu com Armandinho e suas economias.

Armandinho Zero, de Alexandre Beck. Florianópolis: A.C. Beck, 2013. p. 52.

a. Por que Armandinho ficou surpreso ao quebrar o porquinho?

b. Qual foi a falha que o personagem cometeu ao guardar suas economias?

c. Em sua opinião, o que poderia ser o "plano B"?

d. Por que é importante manter uma reserva de dinheiro?

Estudando a língua

Aposto

1. Releia um trecho do artigo de opinião "Consumo × Consumismo" e responda às questões.

> Consumir faz parte da vida. No entanto, o próprio ser humano, ao perceber que poderia ganhar ou lucrar com a venda desses bens de consumo, acumulando riquezas pessoais, criou a propaganda, um meio de chamar a atenção para produtos e serviços, a fim de convencer os consumidores a comprá-los.

a. Que criação do ser humano foi citada nesse trecho?
_____

b. Qual foi a frase usada para explicar o significado dessa criação?
_____
_____

c. Que sinal de pontuação separa essa explicação do restante do texto?
_____

> O termo utilizado para apresentar a explicação de uma palavra é chamado de **aposto**. No trecho acima, o aposto é **um meio de chamar a atenção para produtos e serviços** e explica o que é a **propaganda**.

Na escrita, os apostos costumam ser marcados por vírgula, mas, em casos especiais, podem ser usados outros sinais de pontuação, como os dois-pontos. Veja.

substantivo ao qual o aposto se liga.

Essa propaganda tem um **problema: o exagero**.

dois-pontos separando substantivo e aposto.

aposto que explica o substantivo **problema**.

Vocativo

1. Releia mais um trecho do artigo de opinião "Consumo × consumismo" e responda às questões.

> Certamente, caro leitor, ao pensar sobre o assunto e tomar suas decisões, você estará se preparando para ser um consumidor consciente.

a. Nesse trecho, o autor do artigo sugere que uma atitude seja tomada. Que atitude é essa?

_____

_____

b. Para quem o autor dá essa sugestão?

_____

c. Marque um **X** na alternativa que explica a função do termo **caro leitor** nesse trecho.

◯ Chamar o leitor, dirigindo-se diretamente a ele.

◯ Apresentar uma explicação sobre o assunto do texto.

◯ Elogiar o leitor por suas atitudes.

d. Que sinais de pontuação separam essa expressão do restante da frase?

_____

A palavra ou expressão usada para chamar alguém, por exemplo, **caro leitor**, é classificada como **vocativo**. O vocativo costuma ser separado dos outros termos da frase por vírgula.

Pratique e aprenda

1. Leia o poema a seguir e responda às questões.

Recado

Oi, pai, tudo bem?
Tem recado pra você:
titio mandou lhe dizer
que é pra ir não sei onde
e fazer não sei o quê...

Recado, de Kalunga. Em: *Quero-quero*.
Ilustrações originais de Simone Matias.
São Paulo: FTD, 2009. p. 49.

a. Que situação cria um efeito de humor nesse poema?

_____

_____

b. Que função a palavra **pai** tem nesse poema?

_____

_____

• Qual é a classificação dessa palavra?

◯ Aposto.   ◯ Vocativo.

c. Que trecho do poema explica o substantivo **recado**, especificando-o?

_____

_____

• Por explicar qual era o **recado**, o trecho que você escreveu acima é classificado como:

◯ Aposto.   ◯ Vocativo.

d. Que sinais de pontuação foram usados para separar o vocativo e o aposto no poema?

_____

_____

2. Leia a seguir o trecho de uma notícia.

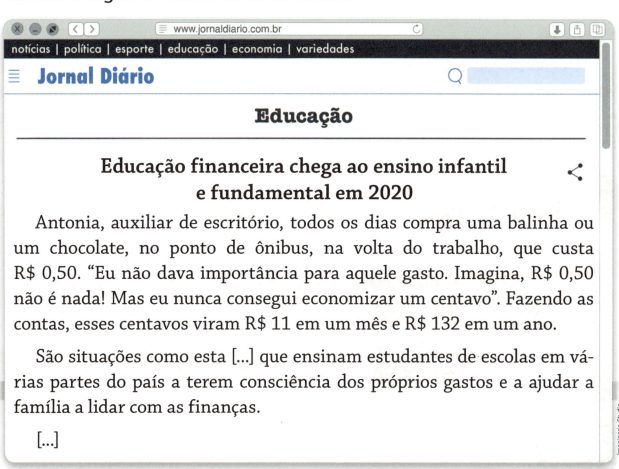

a. Qual expressão utilizada no texto explica a ocupação de Antonia?

_____

b. Qual é a classificação dessa expressão?

◯ Vocativo.   ◯ Aposto.

c. Quais sinais de pontuação foram usados para separar essa expressão do restante da frase?

◯ Dois-pontos.   ◯ Vírgulas.   ◯ Reticências.

Produção escrita

Produzir artigo de opinião

Nesta seção, você vai escrever um artigo de opinião, posicionando-se contra a publicidade para crianças ou a favor dela.

Planeje

Defina sua opinião a respeito da propaganda direcionada ao público infantil: você é contra ou a favor? Para isso, pesquise em livros, jornais e revistas impressos e *on-line* dados estatísticos, falas de especialistas e outros tipos de argumentos. Essas informações ajudarão a sustentar seu ponto de vista.

Aprenda mais!

Criança e Consumo. Fac-símile: ID/BR

No *link* abaixo você encontra uma apresentação com dados e informações sobre a publicidade direcionada a crianças.

<http://criancaeconsumo.org.br/wp-content/uploads/2014/02/Fecap_comunicacao.pdf>

Acesso em: 5 mar. 2020.

Escreva

Faça a primeira versão do artigo, que deve ter entre 10 e 20 linhas e deve apresentar a estrutura a seguir.

- **Introdução:** apresentação do assunto.
- **Desenvolvimento:** apresentação dos argumentos e do seu ponto de vista.
- **Conclusão:** retomada das ideias apresentadas e confirmação da sua opinião.

- Apresente seu ponto de vista e os argumentos que pesquisou de maneira clara e objetiva.
- Utilize palavras e expressões que relacionam ideias e partes do texto, como **no entanto**, **porque** e **a fim de**.
- Se necessário, utilize apostos para explicar palavras, assim como vocativos para chamar o leitor, dirigindo-se diretamente a ele.
- Procure empregar o registro formal da língua portuguesa.
- Por fim, escolha um título criativo para o seu artigo.

Revise

Releia seu texto e verifique se ele apresenta:

- introdução, desenvolvimento e conclusão;
- um ponto de vista claro e objetivo sobre o tema;
- argumentos adequados à sua opinião;
- na conclusão, a retomada das ideias expostas e da sua opinião;
- um título condizente com o tema tratado.

Reescreva

Troque o texto com um colega para que ele possa ler e avaliar seu artigo de opinião e você possa fazer o mesmo com o texto dele. Em seguida, avalie as indicações do colega e reescreva seu artigo, fazendo as adequações necessárias.

Avalie

	Sim	Não
O artigo de opinião apresentou introdução, desenvolvimento e conclusão?		
Os argumentos estão de acordo com a sua opinião?		
Foi empregado no texto o registro formal da língua?		

Produção oral

Realizar debate

Agora chegou o momento de defender oralmente sua opinião por meio de um debate.

O tema será "A publicidade infantil deve ser proibida?". O professor vai dividir a turma em dois grupos: um que se posicionará a favor e o outro, contra.

Planejem

- Retomem seus artigos de opinião e verifiquem quais dos argumentos empregados podem ser usados no debate.
- Anotem suas ideias e argumentos e elaborem perguntas para serem feitas ao outro grupo.
- Pensem em quais perguntas podem ser feitas a vocês e tentem antecipar as respostas.
- Decidam se apenas um aluno falará e responderá pelo grupo ou se todos falarão durante o debate.
- Preparem suas falas de acordo com o tempo de apresentação estipulado pelo professor.
- Utilizem um tom de voz adequado e apresentem os argumentos e perguntas de maneira clara e sucinta.
- Utilizem o registro formal da língua.

Para fazer juntos!

Organização do ambiente

O que você acha de organizar o ambiente para o debate? No dia agendado para a realização dele, você e seus colegas poderão organizar a disposição das carteiras na sala de aula de modo que todos possam se ver. Vocês poderão arrumar as carteiras em um formato de semicírculo para que elas fiquem de frente uma para a outra.

Realizem

- Para apresentar o argumento do grupo, vocês podem usar determinadas expressões, como:

> Acreditamos que...

> Em nossa opinião...

> Discordamos de vocês...

> Concordamos com vocês...

> Na verdade, não é bem assim...

- Enquanto o grupo adversário estiver falando, ouçam-no com atenção, façam silêncio e aguardem a vez de seu grupo responder.
- Respeitem a opinião dos outros colegas, pois não há um argumento certo ou errado, apenas pontos de vista diferentes sobre o tema.

Avaliem

	Sim	Não
Respeitamos o tempo estipulado pelo professor durante o debate?		
Utilizamos expressões, como: "Em nossa opinião...", "Discordamos...", "Concordamos..."?		
Respeitamos a opinião e a vez de o outro grupo falar?		

Que curioso!

Direito das crianças

O Estatuto da Criança e do Adolescente (ECA) foi instituído em 1990 com o objetivo de regulamentar os direitos das crianças e dos adolescentes. Ele tem por base a Constituição Federal de 1988, que é o documento oficial de normas do nosso país. Veja o que o artigo 71 do ECA diz.

A criança e o adolescente têm direito a informação, cultura, lazer, esportes, diversões, espetáculos e produtos e serviços que respeitem sua condição peculiar de pessoa em desenvolvimento.

BRASIL. Presidência da República. Casa Civil. Estatuto da Criança e do Adolescente. *Lei nº 8.069, de julho de 1990*. Dispõe sobre o Estatuto da Criança e do Adolescente e dá outras providências. Brasília, 1990. Disponível em: <www.planalto.gov.br/ccivil_03/LEIS/L8069.htm>. Acesso em: 26 out. 2017.

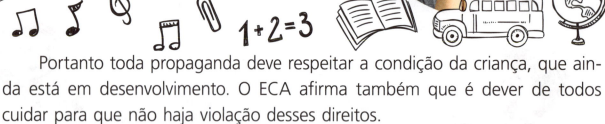

Portanto toda propaganda deve respeitar a condição da criança, que ainda está em desenvolvimento. O ECA afirma também que é dever de todos cuidar para que não haja violação desses direitos.

Ponto de chegada

Vamos relembrar os conteúdos que estudamos nesta unidade. Para isso, façam uma roda de conversa e respondam às seguintes questões.

1. Quais são as principais características de um artigo expositivo?
2. Quais são as principais características de um artigo de opinião?
3. O que são palavras paroxítonas? O que deve acontecer com as paroxítonas terminadas em -i(s), -l, -r e -ão(s)?
4. O que é um aposto? Que importância ele tem nos textos?
5. Qual é a função do vocativo nos textos?

unidade 7
Riquezas da nossa cultura

Boi Bumbá Garantido, no 45º Festival de Parintins, em Parintins, Amazonas, 2010.

Ponto de partida

1. Observe a imagem e descreva o que ela retrata.
2. O que você conhece sobre as manifestações culturais brasileiras?

Lendo uma lenda

Você conhece a vitória-régia? Como imagina que o surgimento dessa planta seja narrado em uma lenda indígena?

A vitória-régia

Há muitas luas, vivia numa aldeia uma índia que acreditou numa lenda antiga do seu povo que dizia que a Lua era um guerreiro forte e poderoso.

Desde que soube dessa história, Iraci começou a sonhar com o guerreiro imaginário. Ela só pensava nisso e acabou se apaixonando por esse ser lendário. Com o tempo, foi se afastando de todos e se fechou em seu mundo interior. Não conversava com as amigas, não se interessava por nenhum índio.

Iraci passava os dias esperando que a Lua surgisse. Então, ficava olhando para o céu e não via mais nada, só o poderoso guerreiro. Diversas noites, ela saiu correndo, com os braços erguidos, procurando agarrar a Lua que brilhava tão linda no céu.

Na aldeia, todos tinham pena da índia e tentavam dizer para ela que aquilo era um sonho. Mas Iraci tinha um objetivo: queria se transformar numa estrela, para ser admirada pela Lua.

Quando não havia luar, ela se aborrecia; ficava na oca até a Lua aparecer novamente. Então, saía correndo com os braços erguidos, procurando alcançar o seu guerreiro no céu.

Uma noite em que o luar estava mais bonito do que nunca, ela saiu correndo atrás da Lua. Chegando à beira da lagoa, viu a Lua refletida no meio das águas tranquilas e acreditou que ela havia descido do céu para banhar-se ali. Finalmente ia conhecer o poderoso guerreiro.

Sem hesitar, mergulhou nas águas profundas e nadou em direção à imagem da Lua. Quando percebeu que aquilo era uma ilusão, tentou voltar; mas não teve força suficiente e acabou morrendo afogada.

A Lua ficou triste com o que aconteceu. Já que não tinha transformado a índia numa estrela como ela tanto queria, decidiu torná-la uma estrela das águas — uma flor, a mais bela de todas, a rainha das flores aquáticas.

E, assim, Iraci foi transformada na vitória-régia. Em noite de Lua, essa maravilhosa flor se abre, revelando sua impressionante beleza.

A vitória-régia. Em: *Histórias e lendas do Brasil*: Norte. Ilustrações originais de J. Lanzelloti. São Paulo: DCL, 2008. p. 34-37.

O texto que você leu é uma das várias lendas apresentadas no livro *Histórias e lendas do Brasil: Norte*, que reúne lendas relacionadas à fauna, à flora, aos rios e ao povo da Floresta Amazônica.

Além desse livro, há mais quatro da mesma série, cada um com histórias e lendas de uma região do Brasil.

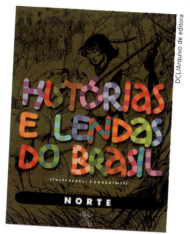

Capa do livro *Histórias e lendas do Brasil*: Norte.

Estudando o texto

1. Você sabe o que é uma lenda? Conhece alguma? Troque ideias com os colegas sobre isso.

2. A história dos indígenas para o surgimento da vitória-régia foi semelhante ao que você imaginou antes da leitura da lenda?

3. A lenda começa com a expressão: "Há muitas luas". O que essa expressão indica?

___
___
___
___

4. Lenda é uma narrativa que busca explicar seres e acontecimentos que têm causas desconhecidas ou a origem de certos elementos da natureza. Como a lenda explica o surgimento da vitória-régia?

___
___
___

5. Qual é o tipo de narrador dessa lenda: narrador-personagem ou narrador-observador? Copie um trecho do texto que comprove sua resposta.

_____
_____

6. Onde se passam os acontecimentos da história que você leu?

_____

7. O texto apresenta uma situação inicial: Iraci um dia acreditou na história de que a Lua era um guerreiro forte e poderoso.

  a. O que essa crença provocou em Iraci?

  ○ Iraci foi embora da aldeia.

  ○ Iraci se apaixonou pelo guerreiro.

  ○ Nada mudou na vida de Iraci.

  b. Iraci passou, então, a ter um único objetivo. Que objetivo era esse?

  _____
  _____

8. Releia um trecho do texto que descreve um comportamento de Iraci.

> Com o tempo, foi se afastando de todos e **se fechou em seu mundo interior.**

  a. O que a expressão em destaque significa?

  _____
  _____

  b. Em sua opinião, por que Iraci se comportou dessa maneira?

  _____
  _____
  _____

9. Pinte as expressões que o narrador empregou para se referir à vitória-régia.

| Ser lendário | A mais bela de todas | Estrela das águas |

| A rainha das flores aquáticas | Guerreiro forte e poderoso |

10. Qual é o conflito, ou seja, a complicação dessa lenda?

_____
_____

11. Em quais parágrafos são narrados os momentos de maior tensão da história, o clímax da narrativa? Circule-os no texto.

12. Por qual motivo Iraci se jogou nas águas da lagoa?

_____
_____
_____

13. Como é o desfecho, o final dessa lenda: triste, alegre, engraçado, emocionante? Justifique sua resposta.

_____
_____
_____
_____

Lá vem caso

Quer conhecer um caso de um ser folclórico presente no livro *Histórias que eu ouvi e gosto de contar*, do autor Daniel Munduruku? Ouça com atenção a leitura que o professor vai fazer do caso "A noite do Boto".

Comparando textos

O texto a seguir é um verbete de enciclopédia sobre a vitória-régia. Que informações sobre essa planta você espera encontrar nele? Vamos conferir?

 <https://escola.britannica.com.br/artigo/vit%C3%B3ria-r%C3%A9gia/483642>

Vitória-régia

Introdução

A vitória-régia (*Victoria amazonica*) é uma planta aquática. Tem uma grande folha circular, verde-escura, com uma dobra em toda a borda, o que a faz lembrar a forma de uma bandeja rasa. Típica da região Norte do Brasil, é encontrada na bacia amazônica. Tornou-se símbolo da Amazônia.

A planta chega a medir 2 metros de diâmetro e suporta o peso de até 40 quilos, se bem equilibrados em sua superfície. Ou seja, diz-se que uma criança com esse peso pode até se deitar em uma vitória-régia sem que ela se afunde.

Tem uma flor que floresce branca e, depois de um período, torna-se rosada. A flor se abre à noite e libera um delicioso e adocicado perfume. Por sua beleza, é bastante usada para decorar lagos e jardins.

As raízes da vitória-régia soltam um suco que os índios usam para tingir de negro os cabelos. Já suas folhas têm propriedades laxantes e cicatrizantes. A semente é comestível.

A vitória-régia (*Victoria amazonica*) é uma planta aquática típica da região amazônica brasileira.

Vitória-régia. *Britannica Escola*. Disponível em: <https://escola.britannica.com.br/artigo/vit%C3%B3ria-r%C3%A9gia/483642>. Acesso em: 2 set. 2019.

1. As informações que você esperava encontrar no verbete apareceram no texto? Comente com os colegas.

2. Qual informação você achou mais interessante a respeito da planta vitória-régia?

3. De acordo com o verbete, a vitória-régia é:

   ◯ uma planta que existe apenas em lendas indígenas.

   ◯ uma planta típica da região Norte e que simboliza a Amazônia.

   ◯ uma lenda inventada pelo botânico inglês John Lindley.

4. Com qual objetivo esse verbete foi escrito?

   _____
   _____
   _____
   _____

5. Além do título do texto, há um título menor, que é chamado de **intertítulo**. Para que ele serve?

   _____
   _____

6. Observe a referência ao final do texto e responda às questões.

   a. Em que veículo de comunicação ele foi publicado?

   _____
   _____

   b. No texto, há algumas palavras destacadas em cor azul. Esse recurso é utilizado em textos da internet e chamado de hiperlink. Qual é a função de um hiperlink, quando o leitor clica neles?

   _____
   _____

Cento e oitenta e cinco **185**

7. Releia o trecho a seguir.

> A vitória-régia (*Victoria amazonica*) é uma planta aquática.

Marque um **X** na opção que explica o que significa o nome que aparece entre parênteses e em destaque (itálico).

◯ É o nome popular que a planta recebe.

◯ É como se pronuncia o nome da planta.

◯ É o nome científico da planta.

8. Nesta unidade, você conheceu uma lenda e leu um verbete de enciclopédia. Agora, complete o quadro a seguir com informações desses textos.

	Lenda	Verbete de enciclopédia
Qual é o nome do texto?		
O que é a Vitória-Régia?		
Que tipo de informações o texto apresentou sobre a planta?		

Registro formal e registro informal

1. O trecho a seguir é de uma reportagem publicada em uma revista destinada aos *skatistas*. Sabendo disso, qual você acha que será o registro empregado nela?

Diva espoleta

Anairam Leon, niteroiense de 22 anos, entrou para o mundo do *skate* aos 13 anos depois de cismar com a ideia de que queria ser *skatista*: "Desde pequena sou espoleta e sempre gostei de esportes e fazer coisas consideradas de menino, um dia cismei que queria andar de *skate*". Conseguiu realizar seu sonho de andar nos EUA. Atualmente, tem um projeto voltado ao *skate* feminino chamado Board Breakers e muitos planos para somar junto ao *skate* feminino. É, realmente ela é uma Diva espoleta!

Diva espoleta, de Renata Oliveira. *Central Skate Mag*, Brasília, n. 6, p. 11, jul./ago. 2013.

Texto: Renata Oliveira
Anairam Leon – Niterói – RJ
22 anos, 9 anos de *skate*
Apoio: Globe, Grotesco, Estilo de Rua e Família in The Hill

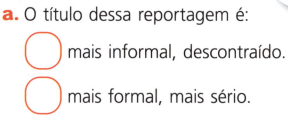

pio3/Shutterstock.com/ID/BR

a. O título dessa reportagem é:

◯ mais informal, descontraído.

◯ mais formal, mais sério.

b. O registro usado no texto da reportagem segue as características do título? Justifique sua resposta citando exemplos do texto.

_____
_____
_____

c. Por que a autora da reportagem empregou esse registro?

_____

_____

_____

d. Em sua opinião, por que Anairam considera andar de *skate* "coisa de menino"?

_____

_____

2. Leia a seguir dois títulos de notícia: um destinado a pessoas interessadas em futebol e outro destinado ao público infantil.

| Capivara arrasa nas redes sociais | Galo vacila em casa e leva goleada pra Chape |

Capivara arrasa nas redes sociais. *Jornal Joca*. Disponível em: <https://jornaljoca.com.br/portal/capivara-arrasa-nas-redes-sociais/>. Acesso em: 24 out. 2017.

Galo vacila em casa e leva goleada pra Chape. *Gazeta esportiva*. Disponível em: <www.gazetaesportiva.com/times/chapecoense/galo-vacila-em-casa-e-leva-goleada-pra-chape/>. Acesso em: 24 out. 2017.

a. Circule o título destinado a pessoas interessadas em futebol. Depois, sublinhe aquele destinado ao público infantil.

b. Esses títulos apresentam a notícia de forma mais descontraída ou de forma mais séria? Justifique sua resposta.

_____

_____

_____

c. Por que foi empregado esse tipo de registro?

_____

_____

_____

_____

O **registro** (**formal** ou **informal**) da língua empregado em um texto varia de acordo com as condições de produção, ou seja, a situação que envolve esse texto, como os **interlocutores** — se são crianças, jovens, adultos etc. —, o **espaço** da publicação — se é revista de esportes radicais, de política etc. —, e a **intenção** do autor — se é para entreter o leitor, para informá-lo de algo mais sério etc.

Pratique e aprenda

1. Leia a tirinha a seguir e responda às questões.

Felicidade é..., de Charles Schulz. Tradução de Alexandre Boide. Porto Alegre: L&PM, 2015. p. 81.

a. Que situação provoca o humor nessa tirinha?

b. Para quem Charlie Brown estava escrevendo uma carta? Com que objetivo ele o fazia?

_____
_____
_____
_____

c. Charlie Brown utilizou um registro mais formal ou mais informal na carta que escreveu? Esse registro é adequado à situação? Por quê?

_____
_____
_____
_____

Como se escreve?

Palavras com x e palavras com ch

1. Leia a parlenda a seguir.

Quem cochicha
O rabo espicha
Come pão com lagartixa!

Parlenda popular.

a. O que você achou dessa parlenda: interessante, divertida, triste, sem graça etc.? Comente suas impressões com os colegas.

b. Essa parlenda faz algum sentido, ou seja, o que ela descreve é possível de acontecer?

c. Quais são as palavras que rimam nessa parlenda?

2. Escreva nos espaços abaixo a palavra com **x** e as palavras com **ch** da parlenda.

- Nas palavras que você escreveu, o **x** e o **ch** estão representando:

  ◯ o mesmo som.　　　　◯ sons diferentes.

> Em algumas palavras, o **x** representa o mesmo som que o **ch**, como em **lagartixa**. É preciso memorizar a escrita dessas palavras e, na dúvida, consultar um dicionário.

3. Além de memorizar a escrita das palavras com **x** e com **ch**, você também pode fazer uma associação entre as palavras da mesma "família". Observe o exemplo abaixo.

cochicho → cochichar, cochichando, cochichava

Em relação à ortografia, o que essas palavras têm em comum?

_____

Pratique e aprenda

1. Escreva o nome de cada imagem abaixo.

_____   _____   _____

- Consulte um dicionário e verifique se você escreveu corretamente as palavras acima.

2. Escreva outras palavras da mesma "família" das palavras a seguir.

cheiro _____

caixa _____

Divirta-se e aprenda

Jogo do x ou ch

Agora, vamos brincar do **Jogo do x ou ch**? Para isso, destaquem as peças das páginas **247** a **251** e sigam as instruções do professor.

Cento e noventa e um **191**

Lendo uma notícia

Leia a notícia a seguir para conhecer mais informações sobre o encontro nacional de Folia de Reis.

Muqui celebra encontro de Folia de Reis pela 66ª vez no ES

Atualizado em 14/8/2016 13h18 | Do G1 ES

Festejo reúne 50 grupos vindos do Espírito Santo e outros estados. Evento acontece no dia 20 de agosto, das 8h às 20h.

As ruas do Sítio Histórico de Muqui recebem a 66ª edição do Encontro Nacional de Folia de Reis, no sábado (20). Cinquenta grupos folclóricos vindos de várias cidades do Espírito Santo e também de outros estados fazem a festa, que tem a entrada franca. O Encontro começa às 10 horas e segue até às 20 horas.

A concentração dos foliões acontece na tenda cultural, localizada no Jardim Municipal. Durante todo o dia haverá encontro de mestres, cortejo, bênção na Igreja de São João Batista, cantoria em diversos locais da cidade e apresentação dos Palhaços da Folia.

Os grupos têm músicos que tocam vários instrumentos, a maioria de confecção artesanal, além das fantasias coloridas e as máscaras criativas dos palhaços da folia.

História

Em 1950, foi realizado o Torneio de Folias em Muqui — evento que deu origem ao Encontro Nacional de Folias. É o mais antigo e maior encontro de Folias do Brasil.

De origem europeia, esse folguedo está ligado às festividades natalinas da igreja. Em terras brasileiras, a Folia de Reis ganhou força no século XIX, nas regiões onde a cafeicultura prosperou, sobretudo nas pequenas cidades de estados como Minas Gerais, Bahia, Espírito Santo, Rio de Janeiro e Goiás.

O evento promove a valorização, o fortalecimento, a difusão da cultura popular e, ao mesmo tempo, estimula o fomento do turismo, trazendo diversos benefícios para a cidade, como o desenvolvimento econômico, cultural e social da região.

Programação

20 de agosto de 2016 – sábado

10h – Abertura oficial do evento na Tenda Cultural no Jardim Municipal – Centro da cidade.

13h – Cantoria das Folias de Reis na Tenda Cultural

14h – Reunião dos Mestres no Teatro Neném Paiva

15h – Cortejo das Folias de Reis nas ruas principais da cidade em direção à Igreja São João Batista

16h – Bênção das Folias de Reis na Igreja São João Batista

17h – Apresentação das Folias na região central da cidade

18h – Grande encontro das Folias de Reis na Tenda Cultural com apresentação dos Palhaços

19h – Entrega de troféu de participação na Tenda Cultural

20h – Encerramento com *Show* Musical na Tenda Cultural

Informações

Secretaria Municipal de Turismo e Cultura de Muqui: telefone: (28) 3554 1456.

Muqui celebra encontro de Folia de Reis pela 66ª vez no ES, por Rede Gazeta. *G1*. 14 ago. 2016. Espírito Santo. Disponível em: <http://g1.globo.com/espirito-santo/musica/noticia/2016/08/muqui-celebra-encontro-de-folia-de-reis-pela-66-vez-no-es.html>. Acesso em: 13 out. 2017.

A notícia que você leu foi veiculada na internet, publicada no *site G1*. Esse *site* é um portal de notícias em que é possível pesquisá-las de acordo com a região do Brasil. Além disso, aborda diferentes assuntos: tecnologia, saúde, esporte, cultura, entre outros.

Página inicial do *site G1*.

Estudando o texto

1. Quais outras festas populares você conhece? Troque ideias com os colegas sobre festas que fazem parte da cultura local.

2. O município de Muqui fica em um estado brasileiro cuja sigla é ES. Pinte esse estado no mapa a seguir e escreva o nome dele abaixo.

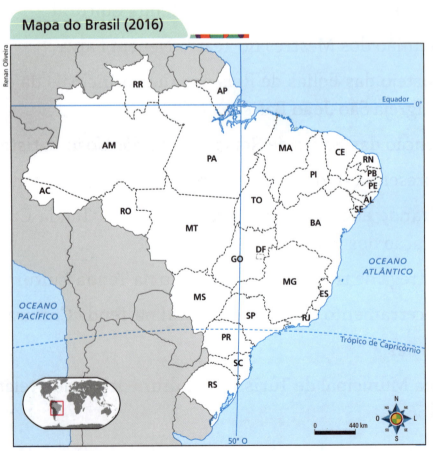

Mapa do Brasil (2016)

Fonte de pesquisa: *Atlas geográfico escolar*. 7. ed. Rio de Janeiro: IBGE, 2016. p. 94.

3. É comum algumas notícias apresentarem, logo após o título, um parágrafo com destaque, chamado **linha fina**. Releia a linha fina da notícia e marque um **X** na alternativa que indica a função dela.

Festejo reúne 50 grupos vindos do Espírito Santo e outros estados. Evento acontece no dia 20 de agosto, das 8h às 20h.

◯ Convencer o leitor a ler outra notícia sobre o mesmo fato.

◯ Complementar as informações do título e destacar algumas informações da notícia.

4. O primeiro parágrafo de uma notícia, também chamado de **lide**, tem a função de resumir o fato noticiado, respondendo às perguntas apresentadas na imagem ao lado. Sabendo disso, releia o lide tentando localizar essas informações.

As ruas do Sítio Histórico de Muqui recebem a 66ª edição do Encontro Nacional de Folia de Reis, no sábado (20). Cinquenta grupos folclóricos vindos de várias cidades do Espírito Santo e também de outros estados fazem a festa, que tem a entrada franca. O Encontro começa às 10 horas e segue até às 20 horas.

a. Sublinhe de **azul** o que foi noticiado.
b. Sublinhe de **verde** onde o fato aconteceu.
c. Sublinhe de **vermelho** quando o fato aconteceu.
d. Circule os números usados nesse lide.
e. Qual é a função dos números que você circulou?

_____
_____
_____
_____

5. Os demais parágrafos da notícia recebem o nome de **corpo**. Qual é a função do corpo de uma notícia?

○ Apresentar mais detalhes sobre o fato noticiado.

○ Resumir a notícia.

○ Chamar a atenção do leitor para a leitura da notícia.

6. Releia o trecho a seguir.

> Os grupos têm músicos que tocam vários instrumentos, a maioria de confecção artesanal, além das fantasias coloridas e as máscaras criativas dos palhaços da folia.

a. Os adjetivos **coloridas** e **criativas** estão caracterizando quais substantivos, respectivamente?

_____

b. Se no lugar do adjetivo **coloridas** fosse usado o adjetivo **brancas** e no lugar de **criativas** fosse utilizado **comuns**, o leitor imaginaria a festa da mesma maneira? Sendo assim, qual a importância da escolha dos adjetivos para o texto?

_____

_____

_____

7. Na notícia, algumas partes são marcadas com os intertítulos "História", "Programação" e "Informações". Que importância têm essas informações para o leitor?

_____

_____

_____

8. Em sua opinião, a que público se dirige a notícia que você leu?

_____

_____

_____

> **Vamos valorizar**
>
> Eventos como o divulgado na notícia são importantes para promover a valorização, o fortalecimento e a difusão da cultura popular das regiões onde eles são realizados.

Que curioso!

Folia de Reis

A Folia de Reis também é conhecida como Reisado em algumas regiões do Brasil. Oficialmente, o Dia de Reis é comemorado em 6 de janeiro. No entanto, como você viu, o Encontro Nacional de Folia de Reis é realizado em outra época do ano.

Aprenda mais!

Quer conhecer mais as festas populares do nosso país? O livro *Festas e tradições* apresenta diversas comemorações cheias de cor, música e alegria! São celebrações que fazem a festa dos brasileiros de norte a sul.

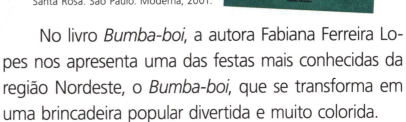

Festas e tradições, de Nereide Schilaro Santa Rosa. São Paulo: Moderna, 2001.

No livro *Bumba-boi*, a autora Fabiana Ferreira Lopes nos apresenta uma das festas mais conhecidas da região Nordeste, o *Bumba-boi*, que se transforma em uma brincadeira popular divertida e muito colorida.

Bumba-boi, de Fabiana Ferreira Lopes. São Paulo: Edições SM, 2012.

Por dentro do tema

Diversidade cultural

Brasil: um país multicultural

Você sabe o que significa diversidade cultural?

Cultura é o conjunto das diferentes tradições e costumes de um povo, transmitidos ao longo das gerações, como a culinária, as crenças, as vestimentas, a música, as histórias, as festas etc. A formação cultural brasileira se deu por meio de três referências principais: a população indígena, o povo africano e os colonizadores europeus. Também contribuíram para a nossa formação cultural os imigrantes italianos, japoneses, alemães, poloneses, árabes, entre outros.

Por causa dessa junção, o Brasil é um país com uma diversidade cultural muito rica, com pessoas muito diferentes umas das outras. É importante, portanto, respeitar a diversidade, lutar para preservar os elementos que fazem parte da nossa identidade cultural e entender que as diferenças sempre estarão presentes na vida dos brasileiros.

a. Por que podemos afirmar que o Brasil é um país com grande diversidade cultural?

b. Você consegue perceber a diversidade cultural em seu município por meio de quais elementos?

c. Você saberia citar algum costume que é passado de geração em geração na sua família ou na família de algum conhecido? Qual?

Como se escreve?

Vírgula em enumerações

1. Releia um trecho da notícia "Muqui celebra encontro de Folia de Reis pela 66ª vez no ES". Depois, responda às questões.

> Durante todo o dia haverá encontro de mestres, cortejo, bênção na Igreja de São João Batista, cantoria em diversos locais da cidade e apresentação dos Palhaços da Folia.

a. Quais eventos acontecerão durante esse dia?

_____
_____
_____

b. Ao todo, serão quantos eventos?

◯ 3.   ◯ 5.

◯ 4.   ◯ 6.

c. No trecho, esses eventos são apresentados em:

◯ frases diferentes.

◯ forma de enumeração.

d. Que sinal de pontuação foi usado para separar os eventos anunciados?

_____

> A **vírgula** é um sinal de pontuação que pode ser usado para separar palavras ou expressões em uma enumeração.

Pratique e aprenda

1. Leia o texto de quarta capa abaixo e responda às questões.

> Cada um de nós carrega na lembrança costumes e tradições de seu povo, que podem ser contos, lendas, canções, danças, artesanato e brincadeiras de criança. Esse conhecimento faz parte da identidade, do "jeito de ser" de um povo e também da identidade de cada um. Este livro apresenta ao leitor alguns personagens do folclore brasileiro. Quem conduz a narrativa é o mais conhecido deles: o Saci!
>
> A *Arca da Mata — O Folclore Somos Nós!* contém as lendas do Curupira, do Boitatá, da Iara, da Mula sem Cabeça, da Cuca, do Negrinho do Pastoreio, do João-de-Barro, da Naiá, da Moça de Branco e de Macunaíma.
>
> *Arca da Mata* — O Folclore Somos Nós!, de Roberta Ibañez e Paulo de Camargo. Ilustrações de Orlando Pedroso. São Paulo: Sesi-SP, 2016 (Quem lê sabe por quê).

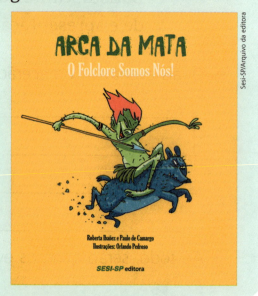

a. No dicionário, um dos significados da palavra **arca**, usada no título do livro, é "tesouro de uma sociedade". O que esse significado tem a ver com o tema desse livro?

b. Em dois momentos há enumerações de elementos nesse texto. Sublinhe-os.

c. Que sinal de pontuação foi usado para separar os elementos dessas enumerações?

_____

d. Qual a função de cada enumeração nesse texto?

_____

_____

Produção escrita

Produzir uma notícia

Junte-se a um colega e produzam uma notícia sobre um festejo tradicional ou outro elemento marcante da cultura de sua cidade ou região.

Depois de prontos, os textos serão expostos em um Jornal Cultural para a comunidade escolar se informar.

Planejem

- Escolham uma festa ou outro elemento da cultura que esteja ocorrendo ou que tenha ocorrido recentemente em sua cidade ou região.
- Pesquisem informações sobre o elemento cultural escolhido.
- Consultem jornais impressos e portais de notícias locais na internet, assim como *sites* de jornais ou suplementos para o público infantil.
- Anotem as informações para compor o lide da notícia, que deve responder às seguintes questões:

- Se possível, selecionem uma imagem para acompanhar a notícia.

Aprenda mais!

Você pode ler mais notícias e verificar melhor a composição desse gênero no *site Guri*, um suplemento infantil do jornal *Estado de Minas*. Nele, a linguagem das notícias é pensada de modo especial para que elas possam ser lidas por crianças e adolescentes.

<https://www.em.com.br/guri/>
Acesso em: 11 mar. 2020.

Escrevam

- Comecem registrando o título da notícia. Procurem criar um título que desperte o interesse das pessoas para ler o texto.
- Elaborem uma linha fina com informações para complementar o título e destacar algumas informações da notícia.
- No início, registrem a data de produção da notícia, assim como os nomes de vocês, indicando a autoria do texto.
- O primeiro parágrafo deve ser o lide.
- Desenvolvam outros parágrafos para dar mais detalhes sobre o elemento cultural que é assunto da notícia.
- Relembrem a seguir a organização da notícia.

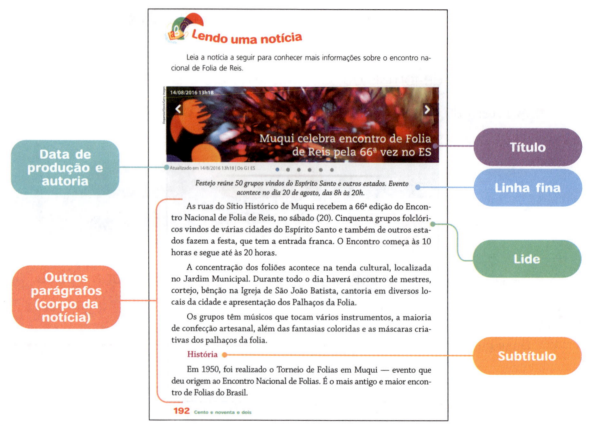

Revisem

Entreguem a notícia produzida a outra dupla, para que os colegas verifiquem se:

- o título está interessante e a linha fina o complementa;
- as informações do lide foram registradas no primeiro parágrafo;
- as palavras e a pontuação do texto estão corretas.

Reescrevam

Após a etapa de revisão, façam as correções necessárias para melhorar o texto. Completem as informações que estiverem faltando, cortem os trechos repetidos, corrijam as palavras que estiverem incorretas, enfim, tudo o que for preciso para facilitar o entendimento da notícia pelo leitor.

Caso tenham selecionado uma imagem para acompanhar o texto, insiram-na na notícia e elaborem uma legenda para ela.

Depois de prontas as notícias de toda a turma, ajudem o professor a montar o Jornal Cultural em um mural para a exposição delas. Façam a divulgação desse mural, informando a comunidade escolar e os amigos para que leiam os textos de vocês.

Avaliem

	Sim	Não
Elaboramos um título atrativo para o texto?		
Registramos as informações do lide no primeiro parágrafo e acrescentamos detalhes nos demais parágrafos?		
Escrevemos corretamente as palavras do texto e utilizamos a pontuação adequada?		
Auxiliamos na produção do Jornal Cultural da turma?		

Aprenda mais!

Se você quiser mergulhar no rico universo do folclore brasileiro, assista ao filme *Lendas brasileiras*, do diretor Márcio Trigo, produzido por Liber Gadelha. O filme apresenta as lendas mais conhecidas transformadas em música e interpretadas por grandes artistas.

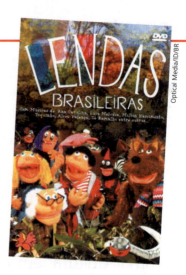

Lendas brasileiras, direção de Márcio Trigo, 2006, 60 min.

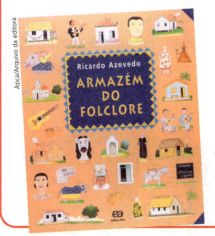

Em *Armazém do folclore*, o autor Ricardo Azevedo se utiliza de contos, quadras, causos e lendas para mostrar a riqueza do folclore nacional. São histórias para crianças e adultos se maravilharem com a sabedoria e a tradição do povo brasileiro.

Armazém do folclore, de Ricardo Azevedo. São Paulo: Ática, 2000.

Ponto de chegada

Agora, vamos relembrar os conteúdos estudados nesta unidade. Para isso, façam uma roda de conversa e respondam às questões abaixo.

1. O que você aprendeu sobre o folclore?
2. Quais as principais características de uma lenda?
3. Que nome recebem as partes principais de uma notícia?
4. O que há em comum entre as letras **x** e **ch**?
5. Qual função da vírgula você estudou nesta unidade?
6. Em que situações é mais adequada a utilização do registro formal? E do registro informal?

unidade

8 Rumo ao desconhecido

Alê Abreu/Filme de Papel/ID/BR

Ponto de partida

1. Onde o personagem retratado nessa cena está? O que ele está carregando?

2. Em que essa cena faz você pensar?

3. Você gosta de aventuras? Por quê? Compartilhe com a turma uma experiência de aventura que você já vivenciou.

Cena do filme de animação *O menino e o mundo*, do diretor Alê Abreu, 2014.

Duzentos e cinco **205**

Lendo um trecho de romance de aventura

Leia o título abaixo e observe as ilustrações. O que há de diferente nesse lugar? O que você imagina que aconteceu por lá?

No reino dos pequeninos

[...]

No dia 4 de maio de 1699, embarquei no navio Antílope, rumo aos Mares do Sul.

Tudo corria bem, até que uma violenta tempestade nos surpreendeu em alto-mar. O navio se espatifou de encontro a uns rochedos. Eu e os outros tripulantes conseguimos embarcar num bote que estava no convés e remamos com esforço contra o mar bravio. Para nosso desespero, o bote virou. Perdi meus companheiros de vista e tratei de nadar.

Fiquei à deriva durante uma semana, agarrado a um tronco e sendo arrastado pelo vento e a maré. Certo dia, avistei terra firme e, com as forças que me restavam, consegui nadar até lá. Cheguei exausto, deitei-me no chão e dormi o sono mais profundo de toda a minha vida.

à deriva: sem rumo

Ao acordar, tive uma surpresa daquelas! Minhas mãos, meus pés e cabelos estavam amarrados por milhares de fios presos a estacas no chão. Minúsculas criaturas humanas, armadas de arcos e flechas, cercavam-me por todos os lados. Vestiam roupas esquisitas e falavam uma língua incompreensível.

Com um pouco de esforço, consegui soltar minha mão esquerda. Isso provocou uma grande confusão entre eles. Uma chuva de setas atingiu-me em cheio. Meu colete de couro protegeu-me de ferimentos mais graves. Bem... Não foi difícil concluir que eles me consideravam um gigante ameaçador e perigoso.

Eu estava quase morto de fome, porque havia me alimentado pela última vez antes do naufrágio. Levei o dedo à boca diversas vezes, para demonstrar que queria comer.

estacas: pedaços de madeira

Finalmente, meu desejo foi atendido. Diversas escadas foram encostadas ao lado do meu corpo. Um batalhão de cem homens pequeninos, carregados com cestas cheias de comida – carne de diversos tipos e pães –, saciou a minha fome. Barris com vinho também foram providenciados, para aliviar minha sede.

Após a refeição, o rei, acompanhado de seu cortejo, surgiu à minha frente. Sem demonstrar qualquer tipo de hostilidade, ele falou por cerca de dez minutos. Eu não conseguia entender nada. Ele apontava insistentemente para uma certa direção. Mais tarde, descobri que ali ficava a capital daquele reino, conhecido como reino de Lilliput. Sua Majestade e o Conselho Real decidiram que eu deveria ser conduzido até lá.

Uma enorme engenhoca foi construída para me transportar. Novecentos homens me colocaram na tal geringonça e me amarraram com grossas cordas. Mil e quinhentos cavalos foram mobilizados para me conduzir.

hostilidade: agressividade

Durante o trajeto, alguns pequeninos introduziram lanças em minhas narinas, o que me provocou cócegas e espirros violentos. Na verdade, só fiquei sabendo de todos esses detalhes mais tarde, pois dormi como um bebê durante toda a viagem. Os lilliputianos eram espertos, e tinham colocado sonífero no vinho que me deram.

No dia seguinte, por volta do meio-dia, chegamos aos arredores da capital de Lilliput. Minha moradia seria um velho templo abandonado, localizado fora dos muros da cidade. Minha perna esquerda foi acorrentada para que eu não tentasse fugir.

Ao me levantar, na manhã seguinte, olhei com calma para a paisagem lá fora. Lilliput parecia um grande jardim. Campos, bosques e canteiros de flores estendiam-se a perder de vista.

[...]

No reino dos pequeninos, de Jonathan Swift. Em: *Viagens de Gulliver*. Adaptação de Lúcia Tulchinski. Ilustrações originais de Cláudia Ramos. São Paulo: Scipione, 2002. p. 5-8 (Coleção Reencontro Infantil).

Esse texto é um trecho de uma adaptação, feita por Lúcia Tulchinski, do romance de aventura *Viagens de Gulliver*, de Jonathan Swift, que a publicou em 1726. É um clássico da literatura universal, cheio de aventuras e críticas à sociedade e ao ser humano.

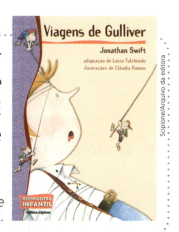

Capa do livro *Viagens de Gulliver*, de Jonathan Swift.

Estudando o texto

1. Como era o reino aonde Gulliver chegou? Tudo era exatamente como você imaginou antes da leitura?

2. Qual é o nome desse reino? O que havia de diferente lá?

3. Um texto narrativo pode ser narrado por alguém que vivenciou os fatos ou por alguém que não participou deles.

   a. Quem narra os acontecimentos do texto que você leu?
   _____

   b. Marque um **X** no tipo de narrador do texto lido.

   ◯ Narrador-personagem.

   ◯ Narrador-observador.

   c. Cite um trecho do texto que comprova a sua resposta.
   _____
   _____
   _____

4. Onde e quando se passa a história narrada por Gulliver?
_____

5. Em sua opinião, quais sensações Gulliver teve durante o naufrágio, nos momentos iniciais da história?
_____

6. Assim que Gulliver acordou, conseguiu soltar uma das mãos. Por que esse fato provocou confusão entre os lilliputianos?
_____
_____
_____

7. De acordo com o que foi descrito pelo narrador no final do texto, marque um **X** na imagem que mais se assemelha a Lilliput.

8. Quais palavras e expressões foram usadas no texto para mostrar ao leitor que os lilliputianos eram menores que Gulliver?

_____

_____

9. Releia o trecho a seguir e marque um **X** na alternativa correta.

> Tudo corria bem, até que uma **violenta** tempestade nos surpreendeu em alto-mar. O navio **se espatifou** de encontro a uns rochedos.

◯ As palavras destacadas não alteram o sentido do texto, por isso poderiam ser retiradas.

◯ As palavras destacadas realçam a intensidade da tempestade e do naufrágio, criando mais expressividade ao texto.

◯ As palavras destacadas dão sensação de suavidade à passagem relatada a fim de impressionar o leitor.

10. De acordo com o trecho que você leu, é possível afirmar que o romance de aventura:

- ( ) narra apenas um acontecimento real.
- ( ) narra diversos acontecimentos fictícios e sequenciados.
- ( ) defende uma opinião sobre um assunto importante da atualidade.

11. O que você achou do trecho do romance de aventura que leu? Você gostaria de conhecer a continuação dessa história e saber como ela termina? Por quê?

Vamos conhecer

Conhecer os clássicos da literatura mundial é mais do que só praticar a leitura, é jamais se esquecer da magia e da beleza de cada página. Qual é sua obra favorita?

Trocando ideias

1. É possível afirmar que o tratamento dado a Gulliver pelos habitantes de Lilliput foi justo? Por quê?
2. Como você age quando chega alguém diferente na classe ou em seu grupo de amigos?

Aprenda mais!

Há vários romances de aventura mundialmente conhecidos. Em narrativas cheias de ação, heróis astutos e inteligentes viajam por terras longínquas, vivem perigos e desvendam mistérios, tudo com um toque de magia!

No filme *Peter Pan*, o espectador conhece a história dos irmãos Wendy, John e Michael e suas aventuras com Peter Pan e o Capitão Gancho na Terra do Nunca. É uma adaptação cinematográfica do livro *Peter Pan*, de James M. Barrie, um clássico da literatura mundial.

Peter Pan. Direção de P. J. Hogan. Estados Unidos: Columbia, 2003 (113 min).

Estudando a língua

Verbo

1. Releia o seguinte trecho do texto.

> No dia 4 de maio de 1699, **embarquei** no navio Antílope, rumo aos Mares do Sul.

a. Que função tem a palavra em destaque nesse trecho?

◯ Ela indica ação de quem está falando.

◯ Ela caracteriza o navio.

b. Essa palavra revela:

◯ algo que vai acontecer.   ◯ algo que já aconteceu.

◯ algo que está acontecendo.

c. Se o fato ainda não tivesse acontecido, ou seja, se ele fosse acontecer no futuro, como seria escrito esse trecho? Complete-o abaixo.

No dia 4 de maio de 2045, _____
_____

d. Se o narrador estivesse falando dele e de mais pessoas, como ficaria esse trecho? Complete-o abaixo.

No dia 4 de maio de 1699, nós _____
_____

2. Agora, releia o seguinte trecho.

> Eu **estava** quase morto de fome, porque havia me alimentado pela última vez antes do naufrágio.

a. Que função tem a palavra em destaque?

◯ Indica a ação da personagem.

◯ Indica o estado da personagem.

b. Essa palavra indica uma informação referente ao passado, ao presente ou ao futuro?

_____

Os **verbos** são palavras que podem expressar **ação** ou **estado**, situando essas informações no tempo **passado, presente** ou **futuro**. Eles concordam com a palavra à qual se referem.

Observe os exemplos abaixo.

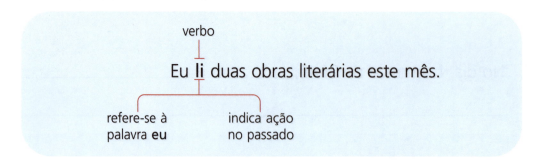

3. Observe a cena a seguir.

EU ACHO MUITO TENSA A PARTE DA HISTÓRIA DE GULLIVER EM QUE O NAVIO ESTÁ NO MAR E DE REPENTE COMEÇA A VENTAR, CHOVER, TROVEJAR...

Quais palavras da fala da menina expressam fenômenos da natureza?

_____

Além de expressar **ação** e **estado**, os verbos também podem indicar **fenômenos da natureza**, como **chover**.

4. Leia o anúncio ao lado e responda à questão a seguir.

A qual das formas verbais abaixo a expressão **vão ser** equivale?

○ Seria.

○ Serão.

○ É.

A combinação de dois ou mais verbos que juntos expressam uma única ideia, como **vão ser**, é chamada **locução verbal**.

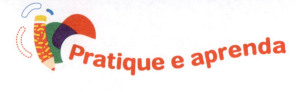

Pratique e aprenda

1. Leia a fábula a seguir, completando-a com os verbos do quadro.

> curvar-se • competiam • dizia • quebraram-se • acontecem
> veio • é • tinha • curvou-se • permanecia • ofereciam • era • partiu

O Bambu e a Oliveira

Disputas também _____ na natureza. Duas árvores, um bambu e uma oliveira, _____ para ver quem _____ a mais firme e resistente.

— Ora, essa _____ fácil! — _____ a oliveira, que _____ tronco e galhos mais fortes.

O bambu, criticado por _____ diante de qualquer ventinho, _____ calado.

Mas um dia _____ uma tempestade de vento muito forte. Tão forte que, diante de tamanha força e violência, os galhos da oliveira, que _____ resistência, _____. Já o bambu, mais flexível, _____ no movimento do vento e não se _____.

A fábula mostra que a grande força depende da capacidade de se adaptar às circunstâncias.

_{O Bambu e a Oliveira, de Katia Canton. Em: *Era uma vez Esopo*. São Paulo: DCL, 2006. p. 31.}

2. As fábulas costumam apresentar como personagens animais que agem como seres humanos.

a. Essa fábula também segue essa característica? Explique sua resposta.

_____

_____

b. Copie do texto algumas ações que os personagens **Bambu** e **Oliveira** realizam nessa fábula.

_____

_____

c. Como são chamadas as palavras que expressam essas ações?

_____

d. Cite um exemplo de verbo empregado na fábula que expressa estado.

_____

e. A maioria dos verbos empregados na fábula expressa fatos no tempo:

◯ presente.   ◯ passado.   ◯ futuro.

3. Releia a seguir a moral da fábula.

> A fábula *mostra* que a grande força depende da capacidade de se adaptar às circunstâncias.

a. Em que tempo está o verbo em destaque?

_____

b. Esse verbo está no singular ou no plural? Explique por quê.

_____

_____

4. Leia as frases a seguir e pinte de **amarelo** os verbos que expressam ação e de **azul** os que indicam estado.

a. Os alunos caminharão por uma trilha na mata.

b. As plantas estão murchas.

c. Eu fiquei entusiasmado para a viagem da turma.

d. O professor conversará com a turma sobre a gincana.

5. Complete as frases a seguir com um verbo do quadro abaixo.

> fazer • gostar • ler • chegar • viajar

> **Dica** Faça as adequações de acordo com a pessoa à qual o verbo se refere.

a. Os atletas _____ de viagem cedo.

b. Fernanda não _____ de frutas ácidas.

c. Meu irmão _____ para Palmas com o time de basquete.

d. Fabrício _____ sanduíches para todos.

e. No dia combinado, nós _____ mais dois capítulos.

6. Leia a tirinha a seguir e responda às questões.

Snoopy: doces ou travessuras, de Charles Schulz. Tradução de Cássia Zanon. Porto Alegre: L&PM, 2010. p. 64.

a. Que acontecimento provoca o humor nessa tirinha?
_____
_____

b. No primeiro quadrinho, a locução verbal **vai demorar** equivale a:

◯ demorou.   ◯ demorará.   ◯ demorava.

c. Que verbo do segundo quadrinho expressa um fenômeno da natureza?
_____

d. Esse verbo está no tempo:

◯ presente.   ◯ passado.   ◯ futuro.

Lendo uma reportagem

Os personagens fictícios são, muitas vezes, inspirados em personalidades reais que enfrentaram e venceram muitos desafios com poucos recursos. Vamos conhecer uma?

Ida Pfeiffer

Conheça a vida da dona de casa que percorreu o planeta no século 19

No século 19, viveu uma mulher que deixaria muitos aventureiros do cinema, como Indiana Jones, morrendo de inveja. De dona de casa em Viena, na Áustria, Ida Laura Pfeiffer entrou para a história da ciência por ter se tornado uma exploradora de lugares selvagens e desconhecidos.

Aos 35 anos, ela dividia seu tempo entre cuidar da casa, dos filhos e estudar nomes de rios, montanhas, meridianos e paralelos. Aos 45, decidiu deixar para trás os afazeres domésticos e realizar o sonho antigo de sair pelo mundo. Para financiar suas viagens, Ida vendeu o que tinha — sua casa e seu piano.

Aos 45 anos, Ida Pfeiffer deixou a Europa para desbravar o mundo. Viajou de barco, de trem e até no lombo de mulas, camelos e elefantes. Colecionou insetos, explorou florestas e fez observações sobre os costumes dos habitantes dos lugares que visitou.

Passou 15 anos viajando, deu duas voltas ao mundo e conheceu os mais diferentes lugares, incluindo China, Índia, Oriente Médio, Indonésia, Madagascar... e o Brasil também! Em 1846, ela esteve por dois meses no Rio de Janeiro, fazendo anotações sobre as diferenças de tratamento que a sociedade da época dava aos negros e aos brancos.

Sua primeira viagem foi ao Oriente Médio, à região que corresponde hoje ao estado de Israel. Aconteceu de tudo: foi roubada por capitães de navio, enganada por condutores de camelo e esgotada por guias. Mesmo assim, voltou entusiasmada com a experiência e, nove meses depois, estava pronta para novos desafios. Suas viagens seguintes foram cada vez mais arriscadas, à medida que se deslocava para longe dos roteiros turísticos, adentrando selvas ou subindo montanhas pouco exploradas pelos europeus.

Ida viajava com pouquíssimo dinheiro. Para comer, dividia pratos com os habitantes locais ou fazia refeições quando lhe ofereciam. Para dormir, alojava-se onde conseguia e várias vezes passou a noite ao relento. Conforme seus livros eram lidos e ela ia ficando conhecida, as companhias de navegação e estradas de ferro passaram a deixá-la viajar de graça.

Entre uma viagem e outra, Ida publicava suas observações de viagem em forma de livro, mesmo considerando-as simples narrativas de uma mulher comum.

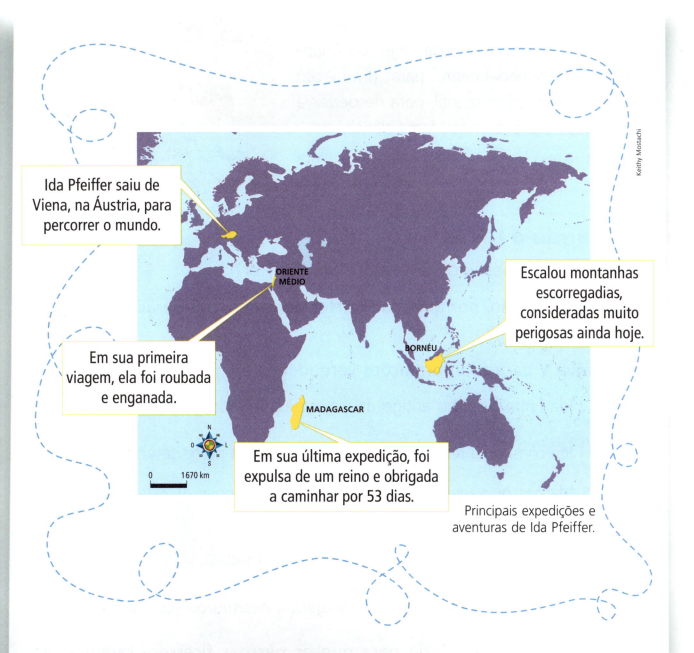

Principais expedições e aventuras de Ida Pfeiffer.

As anotações de Ida chamaram a atenção de um importante pesquisador alemão, Alexandre von Humboldt. Graças ao valor dado pelo cientista aos seus escritos, nossa aventureira se tornou membro honorário de sociedades científicas como as Sociedades de Geografia de Paris e de Berlim, e das Sociedades de Zoologia de Berlim e de Amsterdã.

[...]

Ida Pfeiffer, de Miriam Lifchitz Moreira Leite. *Ciência Hoje das Crianças*, Rio de Janeiro, Instituto Ciência Hoje, 11 dez. 2013. Disponível em: <http://chc.org.br/ida-pfeiffer/>. Acesso em: 13 set. 2017.

A reportagem que você leu foi publicada no *site* da revista *Ciência Hoje das Crianças*, criado especialmente para divulgação científica ao público infantil, para despertar a curiosidade e o prazer por fazer ciência.

Página inicial do *site* da revista *Ciência Hoje das Crianças*.

Estudando o texto

1. Que impressões você teve sobre Ida Pfeiffer?

2. Em sua opinião, por que Ida Pfeiffer pode ser considerada uma grande aventureira?

3. Escreva **V** para as informações verdadeiras e **F** para as falsas.

○ Ida tinha o sonho antigo de viajar pelo mundo.

○ Ida conseguiu realizar seu sonho porque fazia parte de uma família rica.

○ Ida passou várias noites ao relento para observar as estrelas e os insetos noturnos.

○ Ida deu duas voltas ao mundo durante 15 anos.

○ Ida sofreu muito na primeira viagem e desistiu de seu sonho.

4. O que Ida Pfeiffer fazia para que as pessoas ficassem sabendo de suas viagens?

_____

_____

5. Para realizar seu sonho, Ida Pfeiffer:

○ estudou nomes de rios, montanhas, meridianos e paralelos e vendeu tudo o que tinha.

○ contou com a ajuda moral e financeira da família e de amigos.

6. Considerando a época em que Ida viveu, em sua opinião, que importância ela teve para a sociedade ao decidir viajar pelo mundo?

_____
_____
_____
_____

7. Releia a referência da reportagem e sublinhe de **vermelho** o título do texto; de **azul** autoria; de **verde** o veículo de publicação; e de **amarelo** a data de publicação.

> Ida Pfeiffer, de Miriam Lifchitz Moreira Leite. *Ciência Hoje das Crianças*, Rio de Janeiro, Instituto Ciência Hoje, 11 dez. 2013. Disponível em: <http://chc.org.br/ida-pfeiffer/>. Acesso em: 13 set. 2017.

8. Qual é o público-alvo dessa reportagem?

_____

9. Marque um **X** no trecho em que a autora revela a opinião dela.

○ "No século 19, viveu uma mulher que deixaria muitos aventureiros do cinema, como Indiana Jones, morrendo de inveja."

○ "Em 1846, ela esteve por dois meses no Rio de Janeiro [...]"

○ "Sua primeira viagem foi ao Oriente Médio, à região que corresponde hoje ao estado de Israel."

10. Quais diferenças podem ser estabelecidas entre essa reportagem e o trecho do romance de aventura *Viagens de Gulliver*?

_____
_____
_____
_____

Estudando a língua

Concordância verbal

1. Releia o trecho a seguir, retirado da reportagem lida anteriormente. Em seguida, responda às questões.

> Ida viajava com pouquíssimo dinheiro. Para comer, dividia pratos com os habitantes locais ou fazia refeições quando lhe ofereciam.

a. As formas verbais **viajava**, **dividia** e **fazia** se referem a que palavra?

_____

b. A palavra que você usou na resposta da atividade anterior:

◯ indica quem fala.   ◯ indica sobre quem se fala.

◯ está no singular.   ◯ está no plural.

c. As formas verbais **viajava**, **dividia** e **fazia** estão no singular ou no plural?

_____

2. Agora, releia mais um trecho da reportagem e responda às questões.

> Suas viagens seguintes foram cada vez mais arriscadas [...]

a. A forma verbal **foram** se refere a que palavra?

_____

b. A palavra que você usou na resposta da atividade anterior:

◯ indica fala.   ◯ indica sobre o que se fala.

◯ está no singular.   ◯ está no plural.

c. A forma verbal **foram** está no singular ou no plural?

_____

3. Com base nas atividades anteriores, responda às questões a seguir.

a. Por que os verbos **viajar**, **dividir** e **fazer** foram empregados no singular (**viajava**, **dividia** e **fazia**)?

_____

_____

b. Por que o verbo **ir** foi empregado no plural (**foram**)?

_____

_____

Concordância verbal é a concordância entre o verbo e a palavra à qual ele se refere, que pode estar no singular ou no plural. Por exemplo, as formas verbais **viajava**, **dividia** e **fazia** estão no singular, concordando com a palavra **Ida**, que também está no singular; já a forma verbal **foram** está no plural, concordando com a palavra **viagens**, que também está no plural.

1. Leia a tirinha abaixo e responda às questões a seguir.

Garfield, de Jim Davis. *Folha de S.Paulo*, São Paulo, 1º abr. 2015, Ilustrada, p. E5.

a. Por que o verbo **achar** foi empregado de duas maneiras diferentes na tirinha acima?

_____

_____

b. Garfield se acha esperto e bonitão. Que outra característica você atribuiria a ele, considerando a situação da tirinha?

_____

_____

2. Leia a seguir a sinopse de um CD.

http://www.biscoitofino.com.br/produto/mpb-pras-criancas/

A brincadeira vai começar e a Banda de Boca, como o próprio nome já diz, vem diretamente da Bahia munida de vozes, brinquedos e imaginação e enchendo olhos e ouvidos de crianças de 0 a 100 anos. Aqui só não vale usar instrumentos, pois é tudo *a capella*. Sem usar instrumentos, as vozes, e somente elas, são o melhor presente que a Banda de Boca poderia dar às crianças.

Capa do CD *MPB pras crianças*, da Banda de Boca.

MPB pras crianças. Biscoito Fino. Disponível em: <http://www.biscoitofino.com.br/produto/mpb-pras-criancas/>. Acesso em: 2 nov. 2017.

a capella: voz ou conjunto de vozes sem acompanhamento de instrumentos musicais

a. Qual é a principal característica da Banda de Boca?

_____

_____

b. Na sinopse, foi usada a expressão "crianças de 0 a 100 anos". O que ela significa nesse contexto?

_____

_____

c. No trecho "as vozes, e somente elas, são o melhor presente", por que a forma verbal **são** está no plural?

_____

_____

3. Complete as frases com as formas verbais do quadro.

> chegaram • serão • esquentou
> tocaram • mora • jogam

Dica Escolha as formas verbais de acordo com os substantivos em destaque.

a. O **sol** _____ o banco do pátio.

b. Novas **árvores** _____ plantadas.

c. As **meninas** _____ futebol.

d. Minhas **primas** _____ de viagem.

e. A **Júlia** _____ perto da igreja.

f. O **Miguel** e o **João** _____ violão durante a festa.

4. Indique a forma verbal que pode completar cada frase a seguir. Depois, escreva as frases completas.

a. O carro ●.
- ( ) estragou
- ( ) estragaram

_____

b. Nós ● suco de laranja.
- ( ) preferem
- ( ) preferimos

_____

c. A chuvarada ● minha roupa.
- ( ) molhei
- ( ) molhou

_____

d. A turma ● de papel colorido.
- ( ) precisa
- ( ) precisam

_____

Como se escreve?

Palavras derivadas terminadas em -isar e -izar

1. Observe a cena a seguir.

> PRECISO ME ATUALIZAR SOBRE OS NOVOS HITS...

> É SÓ PESQUISAR NA INTERNET!

a. Agora, pronuncie em voz alta as palavras abaixo.

- pesquisar
- atualizar

b. Qual é a classe gramatical dessas palavras?

○ Adjetivos.   ○ Substantivos.   ○ Verbos.

c. O que a terminação dessas palavras tem de semelhante?

_____

_____

d. E o que diferencia esse som na escrita?

_____

2. Os verbos **pesquisar** e **atualizar** são palavras derivadas.

   a. Escreva a primeira letra do nome de cada imagem e descubra as palavras que dão origem a esses verbos.

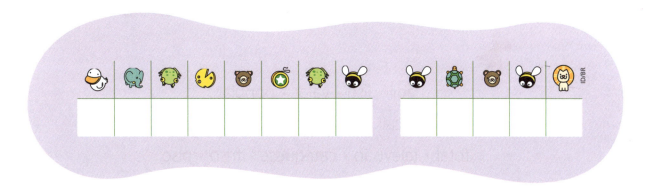

   b. Qual das palavras encontradas tem a letra **s** na última sílaba?
   _____

   c. Qual não tem a letra **s** na última sílaba?
   _____

3. O verbo terá a terminação **-isar** quando for derivado de palavra:

   ◯ que não tem a letra **s** na última sílaba.

   ◯ que tem a letra **s** na última sílaba.

4. O verbo terá a terminação **-izar** quando for derivado de palavra:

   ◯ que não tem a letra **s** na última sílaba.

   ◯ que tem a letra **s** na última sílaba.

Os verbos formados a partir de palavras que têm a letra **s** na última sílaba têm a terminação **-isar**, por exemplo, **pesquisar**, que deriva de **pesquisa**.

Os verbos que recebem a terminação **-izar** são formados a partir de palavras que não têm a letra **s** na última sílaba, por exemplo, **atualizar**, que é derivado de **atual**.

Pratique e aprenda

1. Utilize as palavras do quadro para formar verbos terminados em **-isar** e **-izar**. Em seguida, escreva os verbos na coluna correta.

ágil • liso • valor • popular
catálise • inicial • consciência • improviso • real
total • televisão • catequese • friso • piso

Verbos terminados em -isar	Verbos terminados em -izar
_____	_____
_____	_____
_____	_____
_____	_____
_____	_____
_____	_____
_____	_____

2. Complete as frases com verbos derivados das palavras do quadro.

solidário • profissional • imune • familiar • raiz

a. O aluno novo conseguiu se _____ com a turma.

b. É importante _____ a população por meio de vacinas.

230 Duzentos e trinta

c. O jardineiro vai _____ a planta no vaso.

d. Ele fez o público se _____ com sua história.

e. Antes de se _____, João quer terminar o curso.

Divirta-se e aprenda

Diagrama dos verbos

1. No diagrama a seguir, há algumas palavras que dão origem a verbos. Localize-as e, em seguida, escreva os verbos formados a partir delas.

U	R	B	A	N	O	B	C	F	A	O	A	G
X	E	Z	H	I	L	N	A	E	R	U	V	K
Q	V	P	D	Z	V	B	Y	W	E	Ç	I	T
F	I	N	A	L	S	D	G	B	P	C	S	J
G	S	H	B	O	D	X	B	O	R	N	O	Y
Z	Ã	Z	E	C	O	N	O	M	I	A	T	T
H	O	V	X	A	N	Á	L	I	S	E	V	T
P	U	P	X	L	E	A	I	S	E	S	I	J

-isar   -izar

_____   _____

_____   _____

_____   _____

_____   _____

Duzentos e trinta e um **231**

Produção escrita

Produzir uma narrativa de aventura

Você vai narrar uma história que fará parte do livro de narrativas de aventura da turma e poderá ser lida por pessoas da comunidade escolar.

Planeje

Primeiro, pense em outras histórias de aventura. Isso trará mais ideias para serem usadas em sua narrativa. As sugestões a seguir podem ajudá-lo nisso.

Aprenda mais!

As aventuras do Avião Vermelho é uma adaptação para o cinema de uma obra do escritor brasileiro Erico Verissimo. Uma história cheia de humor, emoção e, claro, aventura para você se divertir.

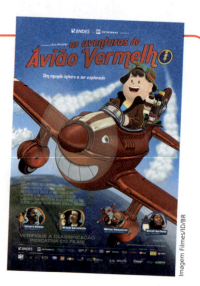

As aventuras do Avião Vermelho. Direção de Frederico Pinto e José Maia. Brasil: Imagem Filmes, 2014 (72 min).

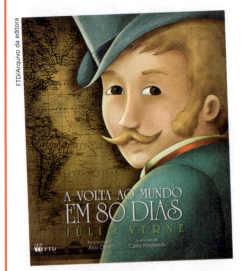

O livro *A volta ao mundo em 80 dias* é um clássico da literatura mundial para quem deseja ler uma narrativa empolgante, com reviravoltas, suspense e personagens misteriosos.

A volta ao mundo em 80 dias, de Júlio Verne. Recontado por Ana Oom. Ilustrações de Carla Nazareth. São Paulo: FTD, 2014.

- Narre sua história em primeira pessoa. Defina se o narrador será o personagem principal ou outro personagem que também participe diretamente dos fatos ocorridos.

- Os acontecimentos devem ser narrados em sequência e impressionar o leitor.
- Defina o tempo e local em que tudo vai acontecer, quais aventuras vão ocorrer, os perigos enfrentados, como o personagem vai se superar etc.

Escreva

Sua narrativa deverá ser escrita em parágrafos e ter entre 15 e 30 linhas. Para isso, siga os passos descritos abaixo e mãos à obra!

- Para a situação inicial, descreva em detalhes as personagens da história e o local onde ela se passa. Informe também quando a história acontece.
- Utilize substantivos próprios para nomear as personagens e os lugares específicos.
- Detalhe as situações que envolvem as personagens. Se preferir, insira as falas das personagens.
- Apresente o clímax usando palavras que criam efeitos de sentido ao conflito de sua narrativa, como tensão e suspense.
- No desfecho, conte como as personagens resolveram os problemas e o que aconteceu depois disso.
- Ao final, elabore um título criativo para sua narrativa de aventura.

Revise

Troque sua produção com um colega e verifique se o texto dele:

- foi escrito em primeira pessoa e apresenta situação inicial, conflito, clímax e desfecho;
- tem um título que condiz com a história apresentada.

Reescreva

Após a revisão do texto, feita pelo colega, faça uma leitura cuidadosa, verifique também o que, na sua opinião, precisa ser modificado; reescreva-o, corrigindo ou adequando o que for necessário e passe-o a limpo.

Para fazer juntos!

Livro de narrativas de aventura da turma

Agora chegou o momento de confeccionar o livro de narrativas de aventura da turma! Os textos podem ser digitados e impressos ou escritos à mão. Faça uma ilustração que chame a atenção do leitor. Com os colegas, criem a capa, o sumário e organizem o livro. Depois de pronto, façam a divulgação para todos os alunos da escola e organizem como será o empréstimo dele. Ao final, doem o livro para enriquecer o acervo da biblioteca da escola.

Avalie

	Sim	Não
Produzi uma narrativa de aventura conforme as características desse gênero, estudadas na unidade?		
Utilizei a primeira pessoa?		
Meu texto respeitou as etapas da narrativa?		
Escrevi as palavras corretamente e utilizei os sinais de pontuação adequadamente?		

Que curioso!

Nunca é tarde para viver uma aventura!

Quem pensa que só pessoas jovens é que podem ser aventureiras se engana! Você já ouviu falar do Monte Everest? Ele é a montanha mais alta do mundo e fica no Nepal, país localizado entre a China e a Índia.

Uma senhora japonesa, chamada Tamae Watanabe, de 73 anos, quebrou o próprio recorde ao tornar-se, pela segunda vez, a mulher mais velha a escalar esse grandalhão e chegar ao topo. Isso mesmo, Tamae Watanabe já havia escalado o Everest dez anos antes, aos 63 anos.

Já o homem mais velho a escalar o monte é o japonês Yuichiro Miura, que chegou ao alto dos 8 850 metros aos 80 anos.

Foto do Monte Everest.

Ponto de chegada

Agora, vamos relembrar os conteúdos que estudamos nesta unidade. Para isso, converse com os colegas orientando-se pelas questões a seguir.

1. O que você aprendeu sobre o romance de aventura?
2. Cite algumas características de uma reportagem.
3. O que os verbos podem expressar?
4. Expliquem o que é concordância verbal.
5. O que é preciso observar para saber se uma palavra terá a terminação **-isar** ou **-izar**?

Fazendo e acontecendo

Jornal televisivo

Em grupos, vocês vão produzir um jornal televisivo (telejornal), a fim de apresentar os fatos mais recentes e interessantes sobre o bairro ou sobre a cidade onde moram.

1 Formar os grupos, fazer as pesquisas e produzir os textos

- Dividam-se em cinco grupos. Cada grupo vai apresentar seu jornal televisivo em um dia da semana.
- O telejornal deve conter pelo menos uma notícia e uma reportagem.
- Primeiramente, assistam juntos a alguns jornais televisivos para observar como os jornalistas e repórteres se portam e como são realizadas as matérias.

Aprenda mais!

Conheça alguns telejornais transmitidos diariamente em rede nacional.

O *Jornal da Cultura*, transmitido pela TV Cultura, estreou em 1986 e atualmente é exibido de segunda a sexta-feira às 21 h 15 min e aos sábados às 21 h.

<http://tvcultura.com.br/programas/jornaldacultura/>
Acesso em: 11 mar. 2020.

O telejornal *Bom Dia Brasil* estreou em 1983 na Rede Globo e atualmente é transmitido de segunda a sexta-feira às 7 h 30 min.

<http://g1.globo.com/bom-dia-brasil/>
Acesso em: 11 mar. 2020.

- Depois, pesquisem assuntos para serem apresentados por meio de notícia, reportagem ou entrevista. É importante que esses assuntos sejam de interesse da população do bairro ou da cidade onde vocês moram.

> **Dica** Retomem as características dos gêneros jornalísticos estudados neste volume: notícia, reportagem e entrevista.

- Com os assuntos escolhidos, produzam os textos.

❷ Realizar as gravações

- Serão necessários um produtor, um repórter e um operador de câmera. Vejam algumas das tarefas referentes a cada função.

Ilustrações: Marília Bruno

PRODUTOR
É quem define as datas e os horários da gravação e os roteiros que o repórter deve seguir.

REPÓRTER
É quem aparece no vídeo apresentando as informações aos telespectadores.

OPERADOR DE CÂMERA
É quem cuidará do vídeo, ou seja, da gravação das imagens.

› O produtor deve elaborar os roteiros com as informações principais do que será apresentado na notícia, na reportagem e/ou na entrevista.

› O repórter deve avaliar o roteiro e preparar suas falas, utilizando um tom de voz adequado para a gravação empregando o registro formal.

> O operador de câmera deve escolher a ferramenta para a gravação, como celular, câmera fotográfica, *tablet* etc., e também se certificar de que sabe manusear o aparelho escolhido e se ele está em boas condições de uso.

- Caso optem por entrevistar alguém, os produtores devem avisar o entrevistado com antecedência sobre o dia, o horário e o local da gravação.

- Depois que as gravações forem finalizadas, assistam a elas e, se necessário, marquem um dia para regravar a matéria.

❸ Planejar a apresentação do jornal televisivo

Depois de ter em mãos a notícia, a reportagem e/ou a entrevista gravadas, chegou o momento de organizar o jornal televisivo para apresentá-las. Confiram as instruções a seguir.

- Escolham um nome para o telejornal e definam qual será a ordem de apresentação das matérias.

- Verifiquem como vão reproduzir as matérias gravadas: se utilizarão um projetor, uma TV, um computador ou outro equipamento.

- Escolham uma mesa grande para ser a bancada do telejornal. Nela, o(s) apresentador(es) deve(m) aparecer sentado(s), podendo se levantar durante o telejornal.

❹ Apresentar o jornal televisivo

- No início do telejornal, o apresentador deve cumprimentar os telespectadores, identificar-se, apresentar o nome do telejornal e fazer uma breve divulgação dos assuntos que serão tratados.

- O apresentador deve empregar um tom de voz adequado, utilizando o registro linguístico formal, e ainda falar claramente e devagar para facilitar a compreensão de quem está assistindo.

- Como o telejornal será ao vivo, caso algo não saia conforme o planejado, siga a apresentação normalmente, sem pará-la.

- Ao fim do telejornal, o apresentador deve despedir-se dos telespectadores.

> **Dica** É importante respeitar as apresentações da turma. Para isso, assistam a elas em silêncio e prestando bastante atenção. Isso mostra o interesse de vocês pelos trabalhos dos colegas.

Avaliem

	Sim	Não
Assistimos aos telejornais antes de iniciar essa produção?		
Pesquisamos assuntos/fatos interessantes sobre nosso bairro ou sobre nossa cidade?		
Todas as pessoas envolvidas (repórteres, produtores, câmeras e apresentadores) desempenharam suas funções?		
A qualidade de som e de imagem do equipamento selecionado para a gravação ficou boa?		
Conseguimos reproduzir as matérias para a turma?		
Prestamos atenção na apresentação dos telejornais dos outros grupos?		

Bibliografia

ABRAMOVICH, Fanny. Por uma arte de contar histórias. In: _____. *Literatura infantil*: gostosuras e bobices. São Paulo: Scipione, 1989.

ANTUNES, Irandé. *Aula de português*: encontro e interação. São Paulo: Parábola, 2003.

BAGNO, Marcos. *Nada na língua é por acaso*: por uma pedagogia da variação linguística. São Paulo: Parábola, 2007.

BAKHTIN, Mikhail. *Estética da criação verbal*. 5. ed. São Paulo: Martins Fontes, 2010.

BORTONI-RICARDO, Stella Maris. *Educação em língua materna*: a sociolinguística em sala de aula. São Paulo: Parábola, 2004.

BORTONI-RICARDO, Stella Maris; SOUSA, Maria Alice Fernandes de. *Falar, ler e escrever em sala de aula*: do período pós-alfabetização ao 5º ano. São Paulo: Parábola, 2008.

BRANDÃO, Helena N. (Org.). *Gêneros do discurso na escola*. 5. ed. São Paulo: Cortez, 2011.

BRASIL. Ministério da Educação. *Base Nacional Comum Curricular*. Versão final. Brasília: MEC, 2018. Disponível em: <http://basenacionalcomum.mec.gov.br/>. Acesso em: 29 ago. 2019.

_____. Câmara dos Deputados. *Estatuto da criança e do adolescente*. 7. ed. Brasília: Edições Câmara, 2010.

_____. Ministério da educação. Secretaria de Educação Básica. Conselho Nacional de Educação. *Diretrizes curriculares nacionais para o ensino fundamental de 9 (nove) anos*. Brasília: MEC/SEB, resolução n. 7, 2010.

CASTILHO, Ataliba Teixeira de. *Nova Gramática do Português Brasileiro*. São Paulo: Contexto, 2010.

CHARTIER, Anne-Marie; CLESSE, Christiane; HÉBRARD, Jean. *Ler e escrever*: entrando no mundo da escrita. Porto Alegre: Artmed, 1996.

COELHO, Nelly Novaes. *Dicionário crítico da literatura infantil e juvenil brasileira*. 5. ed. São Paulo: Companhia Editora Nacional, 2006.

COSSON, Rildo. *Letramento literário*: teoria e prática. São Paulo: Contexto, 2006.

COSTA, Sérgio Roberto. *Dicionário de gêneros textuais*. Belo Horizonte: Autêntica, 2008.

ELIAS, Vanda Maria. *Ensino de Língua Portuguesa*: oralidade, escrita e leitura. São Paulo: Contexto, 2011.

FERREIRO, Emilia; PALÁCIO, Margarita Gomez. *Os processos de leitura e escrita*: novas perspectivas. 2. ed. Porto Alegre: Artmed, 1990.

FERREIRO, Emilia; TEBEROSKY, Ana. *Psicogênese da língua escrita*. Porto Alegre: Artmed, 1999.

GERALDI, João Wanderley. *O texto na sala de aula*. 4. ed. São Paulo: Ática, 2006.

GERALDI, João Wanderley; CITELLI, Beatriz (Coord.). *Aprender e ensinar com textos de alunos*. 3. ed. São Paulo: Cortez, 1997.

JOLIBERT, Josette (Coord.). *Formando crianças leitoras*. Porto Alegre: Artmed, 1994.

KATO, Mary (Org.). *A concepção da escrita pela criança*. Campinas: Pontes, 2002.

KLEIMAN, Angela. *Oficina de leitura*: teoria e prática. 6. ed. Campinas: Pontes, 1998.

KOCH, Ingedore G. Villaça. *O texto e a construção dos sentidos*. 9. ed. São Paulo: Contexto, 2007.

LEAL, Telma Ferraz; BRANDÃO, Ana Carolina Perrusi (Org.). *Produção de textos na escola*: reflexões e práticas no ensino fundamental. Belo Horizonte: Autêntica, 2006.

LUCKESI, Cipriano C. *Avaliação da aprendizagem escolar*. 18. ed. São Paulo: Cortez, 2006.

MARCUSCHI, Luiz Antônio. *Produção textual, análise de gêneros e compreensão*. São Paulo: Parábola, 2008.

MARCUSCHI, Luiz Antônio; XAVIER, Antonio Carlos. *Hipertexto e gêneros digitais*. Rio de Janeiro: Lucerna, 2004.

MATENCIO, Maria de Lourdes Meirelles. *Leitura, produção de textos e a escola*. Campinas: Mercado de Letras, 2010.

MORAIS, Artur Gomes de. *Ortografia*: ensinar e aprender. 5. ed. São Paulo: Ática, 2010.

PAVIANI, Jayme. *Interdisciplinaridade*: conceitos e distinções. 2. ed. Caxias do Sul: Educs, 2008.

POSSENTI, Sírio. *Por que (não) ensinar gramática na escola*. Campinas: Mercado das Letras/ALB, 1996.

ROJO, Roxane; MOURA, Eduardo (Org.). *Multiletramentos na escola*. São Paulo: Parábola, 2012.

SOARES, Magda. *Alfabetização e letramento*. São Paulo: Contexto, 2003.

SOLÉ, Isabel. *Estratégias de leitura*. 6. ed. Porto Alegre: Artmed, 1998.

TEBEROSKY, Ana. *Aprendendo a escrever*. São Paulo: Ática, 1995.

TRAVAGLIA, Luiz Carlos. *Gramática*: ensino plural. 5. ed. São Paulo: Cortez, 2011.

VYGOTSKY, Lev S. *Pensamento e linguagem*. 6. ed. São Paulo: Martins Fontes, 2008.

WEISZ, Telma; SANCHEZ, Ana. *O diálogo entre o ensino e a aprendizagem*. São Paulo: Ática, 2003.

Referente à seção **Divirta-se e aprenda** página **163**

Consumidor consciente

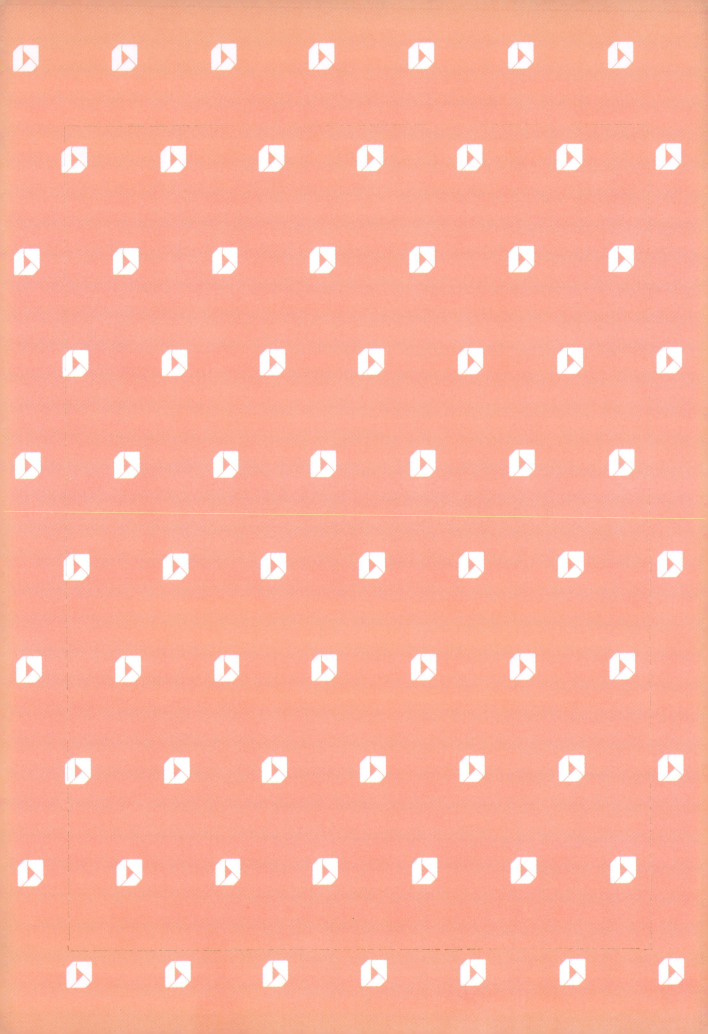

Compre 6 laranjas, pague R$ 4,00	Compre 5 maçãs, pague R$ 5,00	Compre 4 bananas, pague R$ 2,00
Compre 2 ioiôs, pague R$ 15,00	Compre 1 jogo de tabuleiro, pague R$ 20,00	Compre 1 quebra-cabeça, pague R$ 10,00
Compre 2 sanduíches, pague R$ 10,00	Compre 3 fatias de bolo, pague R$ 12,00	Compre 2 águas de coco, pague R$ 7,00
Compre 1 livro, pague R$ 20,00	Compre 2 livros, pague R$ 15,00	Compre 2 revistas, pague R$ 18,00
Compre 1 caixa de lápis de cor, pague R$ 15,00	Compre 1 estojo, pague R$ 15,00	Compre 1 jogo de canetinhas, pague R$ 20,00
Compre 2 pacotes de pipoca, pague R$ 10,00	Compre 2 chocolates, pague R$ 8,00	Compre 2 sucos, pague R$ 6,00

Supermercado	Supermercado	Supermercado
Loja de brinquedos	Loja de brinquedos	Loja de brinquedos
Lanchonete	Lanchonete	Lanchonete
Livraria	Livraria	Livraria
Papelaria	Papelaria	Papelaria
Cinema	Cinema	Cinema

Duzentos e quarenta e cinco **245**

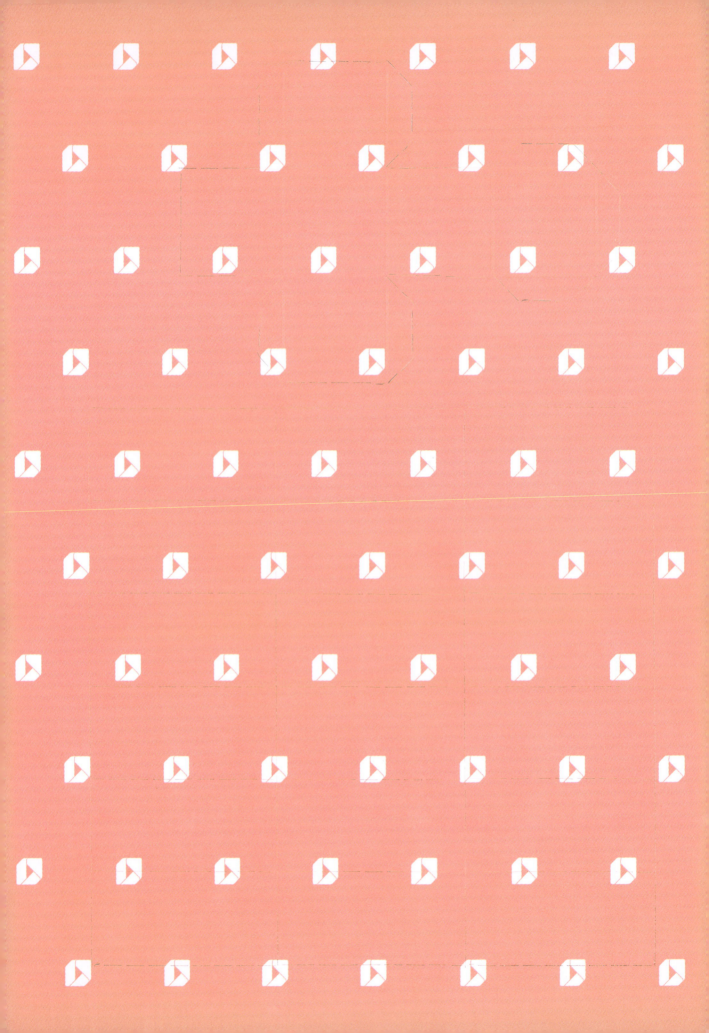

Referente à seção **Divirta-se e aprenda** página **191**

Jogo X ou CH

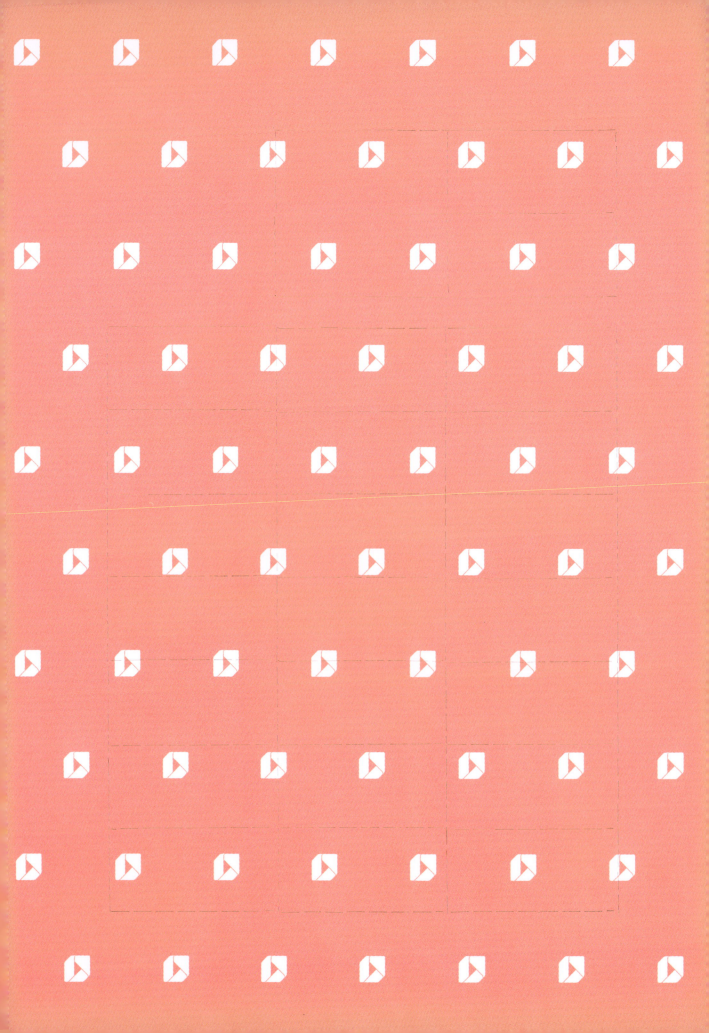

___ÍCARA	EN___ADA	___ILOFONE
___ALE	LI___EIRA	CAI___A
___UVEIRO	PEI___E	ABACA___I
___APÉU	___AVE	MO___ILA
___OCALHO	___INELO	___ALEIRA
CA___ORRO	___UPETA	SANDUÍ___E
___ÍCARA	___ALE	ABACA___I
PEI___E	___ILOFONE	___APÉU
___AVE	___OCALHO	___UPETA

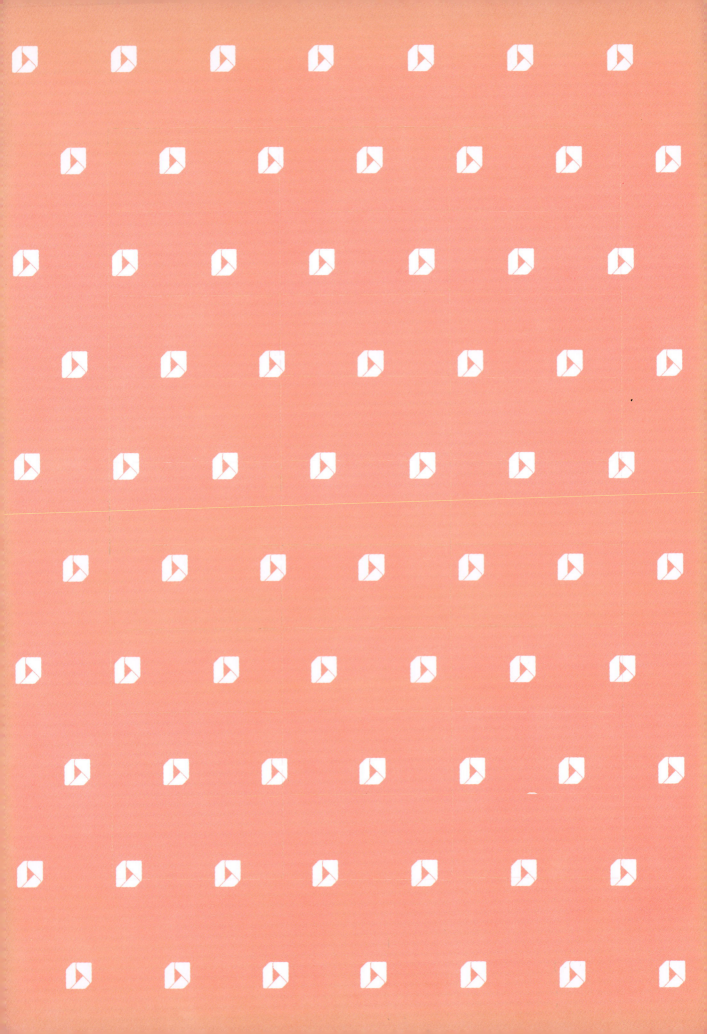

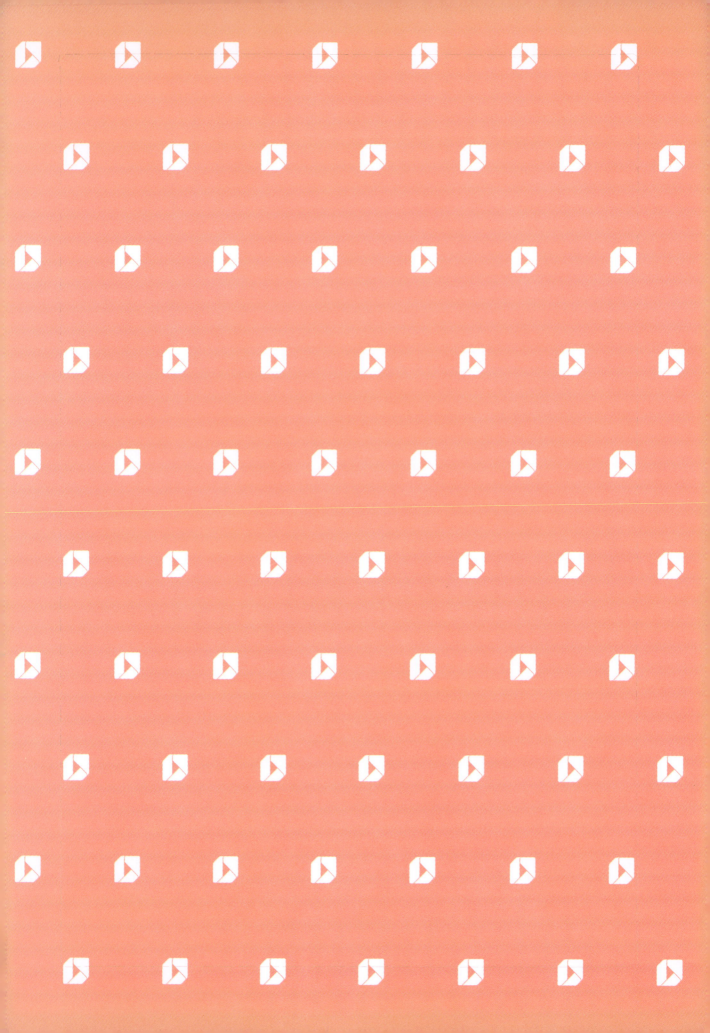

Referente à atividade 11 página 18

Destaca o título de uma música.

Sinaliza que aquela parte é um trecho de outro texto.

Indica a fala de alguém, assim como faz o travessão.

Referente à atividade 5 página 45

A grande escuridão fez Carolino se deitar no terreiro.

Carolino se casou, mas não andou mais à noite.

Um rapaz famoso, honesto e trabalhador conheceu Gonçala da Conceição.